JN185941

植物を編むビーズステッチ
ボタニカルデザインのアクセサリー

安藤潤子

河出書房新社

F ADULT
F ADULT
DAILY NEWSPAPERS
Seneca S.D
General Admission
Tuesday, June 16, 2009
Adult
HARTFORD AREAS
HART
RALLY TOGETHER
WEIRDOS ARE WONDERFUL

多種多様な形状と色彩を持つビーズは、私にとって絵の具や粘土のような存在です。
針と糸でイメージする形状を組み立ててみる。
色や形を足す。または引く。

思わぬ発見があったり、もちろん失敗もある。
ビーズで作ると、そのどれもが愛おしい。

私は、植物のモチーフを取り入れたコスチュームジュエリーを多く発表しています。
花や実、葉の形をビーズで作りますが、デザインする上で大切にしているのは「草花の色や形の再現ではなく、香り、柔らかさを感じるように。また、実であれば、その味まで感じられるように」ということ。

幼いころに遊んだ庭の草花、香りに囲まれる幸せ。花びらや葉の感触。
摘んだ時に感じた儚さ。実った果実を味わう。
その色彩、香り、味、全てに対する驚きの記憶がデザインの原点だからです。

小さい物語を楽しむように、私の作品の世界を眺めてくださり、私の感じた「可愛い」に共感していただけると嬉しいです。
また、レシピを頼りに、再現してくだされば幸いです。

本作りに携わり、導いてくださった沢山の方々に感謝。
協力してくれた家族に感謝。
そして、この本を本棚のお気に入りに加えてくださった方に感謝。

ありがとうございます。

安藤潤子

CONTENTS

White Flower

白い花は、ずっと昔から世界中で愛されてきた。エーデルワイス、プルメリア、銀木犀。寄り添って咲く可憐な姿は、夜の闇にも凛と映える。

01

02

01,02

白い花のメタルパーツを編み込み、鈴なりの実をアクセントに。ネックレスのトップには上質なベネチアンビーズを飾り、クラス感をアップ。

how to make → p.48

03,04

パールの花と金色の実が、ジュエリーライクなセット。パーツを別で作らず一気に仕上げるので、ビーズステッチ初心者にも挑戦しやすい２点です。

how to make → p.51

Geometric Pattern

丸、三角、四角……シンプルな形から成る、幾何学模様。植物の構成を観察し、規則正しく組み立ててみる。実は、自然のデザインには数学的な美が潜んでいる。

o5

o6

o5,o6

花の影がうつったような、モノトーンのセット。ビーズの形はまちまちでも、色は白・黒に限定して。ネックレスはアシンメトリーで遊び心をプラス。

how to make → p.53

07,08,09,10

北欧カラーをイメージしたブレスレットとリング。４弁・５弁・６弁と並ぶ花はどれも、ライス形の２ホールビーズで作ります。

how to make → p.56

Vivid Color

鮮やかな色の実や花は、植物の知恵。鳥や虫たちを惹き寄せ、花粉や種子を遠くまで運んでもらえるように。運ばれた先でも、綺麗に咲きますように。

11,12,13,14

細長いドロップビーズをトゲトゲの実に。途中、ボールチェーンの金具も一緒に編んで仕上げます。長めの極細チェーンは大人っぽく装えます。

how to make → p.59

15,16

サイズの異なるラウンドビーズを集めて、全体をワントーンで編むネックレス。レース編みのような繊細な花が、どこか懐かしい雰囲気。

how to make → p.61

17

チェーンに糸でビーズを編みつけていく、
繊細ながらも強度のあるネックレス。お
椀形のビーズには、２つの穴を利用して
花芯を飾ります。

how to make → p.63

18,19,20

剣形のダガービーズと、平たい花びらのビーズを重ねて立体的に。中心から編み始めぐるぐると広げていくと、いつの間にか大輪の花が咲きます。

how to make → p.65

One's Own Color

ガーベラの花言葉は、色によってそれぞれ。
赤は「いつも前へ」とか、黄色は「究極の愛」
とか。似ているようでも、みんなが自分のカ
ラーを持っている。

21

空よりも濃い青のワンピースに、ピカピカ輝く太陽のような花を。このくらい大ぶりなモチーフには、ざっくりとしたレザーコードが似合います。

how to make → p.65

22,23

普段は脇役の葉っぱだけを、ブリックステッチでピアスに。ネックレスには葉脈もくっきりと。日常に少しのグリーンがあるだけで、心がほっと安らぎます。

how to make → p.68

24,25

スカビオサをイメージして。ロゼット状に広がる花びらは、1枚1枚をブリックステッチ。切れ込みのある葉を2枚合わせて、動きを出しました。

how to make → p.70

Butterfly Garden

イングリッシュガーデンに、受粉を助ける蝶々は欠かせない。素朴でも蜜が美味しい花ほど好まれる。いつもの庭も、蝶々の目からは違って見えるのだろうか。

26　27

26,27

デイジーチェーン・ステッチの応用で作ります。花のビーズは「ファルファーレ」（＝蝶々）と呼ばれることも。花に蝶にと、美しさが溢れています。

how to make → p.72

28,29

ショートは６弁、ロングは８弁でメインの花を作ります。同じ編み方でも、花芯のサイズによって花びらの枚数は変幻自在。

how to make → p.74

30

夏の花火、雪の花。季節によって色々な表情に見えるメタリック・モダンなモチーフ。透かし模様は、長さの異なる竹ビーズで編んでいきます。

how to make → p.77

31,32

情熱的に踊りだしたくなるような、艶めく大人のネックレス。シンプルな装いも、ネックレスひとつでおしゃれに決まります。

how to make → p.79

Wonderland

鏡の国のアリスに登場する「喋る花」は、人間を花として扱う。アリスは「しおれ始めている」、女王は「とげのある品種」。あなたやあの人は、どんな花？

33　　34

33,34

「おとぎの国」に咲く花は、こんな風でしょうか？　想像の花をブローチに。大きな花が手前に突き出るように、金具への留め方を一工夫しています。

how to make → p.81

Hana no Iro

古典文学の世界で「花の色」は女性の容色の
例え。「移りにけりないたづらに」と小野小
町も歌ったように、変わっていくこともある。
それが自然で愛おしい。

35

36

35,36

小さな花のプレスビーズは、マーブルガラスの色合いがまちまち。表情豊かに垂れ下がります。作品36には所々、しぼみ始めた色も交えて。

how to make → p.84

37

バニラカラーの２輪が、そろってこちらを向いたブローチ。２ホールビーズを使った小技をきかせ、ひとつは開ききったところ、もうひとつはまだ蕾。

how to make → p.87

LYONNAISE
JOURNAL de BRODERIES pour TROUSSEAUX
GRANJARD
Fondateur
LA BRODERIE LYONNAISE
52, Avenue Maréchal-de-Saxe, 52
LYON (6e)
C.C.P. Lyon 2406-08 - Tél. : 24-39-97
Administrateurs
P. ROUSSET
N° 4
N° 2
38
39

Handsome Foliage

樹木の枝ぶりは、脈絡がなく見えても意味がある。どの葉にも光が当たるよう伸びていく。枝や葉にたくさんの光と風を受けて花を咲かせ、やがて豊かな実りの季節。

38,39

ロングラインで装う、クラシカルなラリエット。枝もたわわな実は、下がる長さをずらして絶妙な位置につないでいます。

how to make → p.89

Day's Eye

日の光が射すと開き、曇りの日にはすぼまる花だから、日の眼「day's eye」がデイジーの名の由来。明るい希望に向かって伸びる、美しい花。

40, 41

シネマ女優に似合いそうな、レトロで可愛いネックレスとリング。花芯やネックに明るい黄色をきかせて。黄色いドット模様のビーズも活躍。

how to make → p.91

42

メタリックが映えるラップブレスレットで、手首に花冠を。クリアとネイビーの花が重なり合って、流れ星のようにきらめきます。

how to make → p.94

Constellation

星座には、植物の名がひとつもつけられていない。遊牧民族が名付けたから、動物に因んだものばかりになったのだとか。ひとつくらい花の名前をつけても良かったのに。

43

花のメダリオンをデザインしたＹ字ネックレスは、ブロンズとターコイズの組み合わせがオリエンタル。トップの花の中央には、ブロンズの星形が浮き出ます。

how to make → p.96

44

ペタルビーズの重なりが、麦の穂を思わせるラリエット。首の後ろに触れる部分は、当たりの柔らかいラウンドビーズに変えて。細部まで心を配っています。

how to make → p.99

45

しずく形パールをほんの少し傾けて、立体感を出したモチーフ。ポイントを胸元にもってきて、シンプルな１連のロングに。上品な花に蝶も飛び交います。

how to make → p.101

46,47

ゴールドとシルバーの実に、相性抜群のパールを合わせて。小枝が集まってつながっているようでいて、１本ずつが動いて揺れるブレスレットです。

how to make → p.103

Botanical Therapy

植物の強さ。移動できる動物とは違い、地に根を張る植物は、厳しい環境を生き抜いてきた。いつも同じ場所から支え、つながり、すべての人に寄り添うような癒やしをくれる。

48

パールの周りを刺繡のように縁取ったフラワーモチーフ。1輪そのままと半分を、交互につないでロングネックレスに。欠けた花がボリュームのバランス調整役。

how to make → p.105

Color & Design Lesson

ビーズステッチ配色&デザインレッスン

ビーズステッチのアクセサリーには、個別で編んだパーツを組み合わせて完成させる楽しみがあります。
配色や素材、配置次第で、全く印象の違う仕上がりになることも。
ここではアレンジの手助けになる、配色・素材選びのコツやデザインの考え方を紹介します。

“色相”を意識してイメージを決める

数ある色同士でも、調和する色、似ている色、引き立て合う色など、仲間にしやすい色があります。これは、色彩が心理に与える影響に基づいて、色相を円上に配置した「色相環」の位置関係から決められます。アクセサリーを伝えたいイメージに近づけることができるのです。
「メインのビーズは決まったけれど、脇役ビーズが選べない」「いつもワンパターンの配色になる」という悩みを、色相から考えることで解消しましょう。

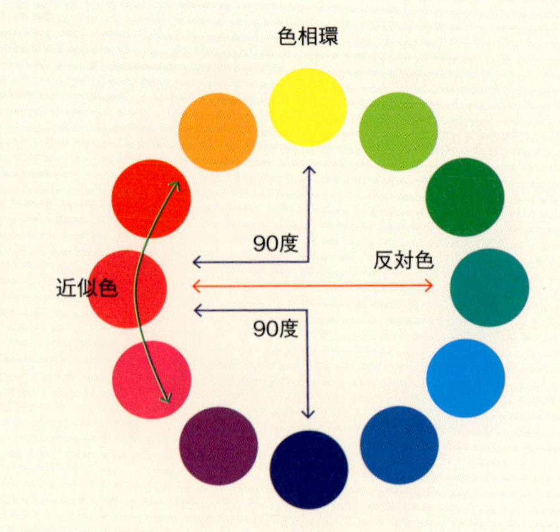

同じ色でも 明度・彩度のトーンがある

主にガラス素材のビーズで作るアクセサリーは、「光」の調整が欠かせないポイントです。同じ色でも、マット・透明感のあるもの・メタリックなど、素材や透け感で見え方が様々。
一般的に、彩度が高いと色相が強く影響し、彩度が低いと色相の影響が弱まると言われています。マットなビーズ（明度が低い）と透明感のあるビーズ（明度が高い）の使い分けも、トーンを意識しましょう。
また、明度が高いと女性らしく可愛い印象、明度が低いと男性的な印象を与えると言われています。ビーズの粒をよく見て、同じ色でもトーンのどの辺に位置するのかを見極めると、素材選びがスムーズになります。

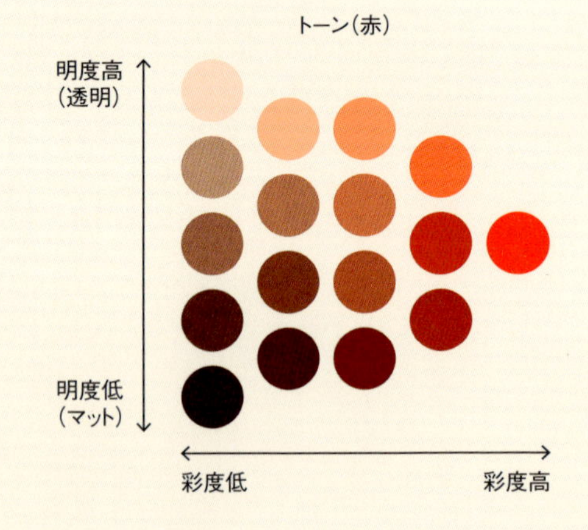

糸の色選びも楽しみのひとつ

ガラス素材のビーズは、中を通す糸の色が透けて見えます。また、ビーズステッチでは糸をくり返し通すため、ビーズ同士の間から見える糸の色が強く影響することも。糸の色で作品の雰囲気が変わることもあります。糸も作品の一部なのです。

違う色に見える２つのモチーフは、実はどちらも全く同じビーズ。
左はベージュのなじみの良い糸で、右は黒い糸で編んでいます。

Lesson 1, Color ー色ー

配色に迷ったら まずはキーカラーを決める

たくさんのビーズを並べてみても、なかなか配色が決まらず作り始められない。そんなときは、メインにするビーズをまず決め、その色を「キーカラー」として、合わせるビーズを探っていきましょう。

キーカラー		合わせる色	
■	＋	■	反対色
■	＋	■ ■	近似色（隣り合った色）
■	＋	■	90度の位置にある色

例えばこんなイメージに……

→

→

①反対色の色合わせ

色相環で正反対に位置する関係の色の組み合わせを「反対色」（補色）と呼びます。色相が全く異なる２色は、お互いを引き立て合い、一方を少し加えることによって、個性的で目を引く雰囲気に。
ここでは、キーカラーの赤に反対色の緑を合わせました。反対色の組み合わせは、両方の彩度が増したように見えます。

②近似色の色合わせ

隣り合う色を「近似色」と呼びます。グラデーションの効果を狙うなら、近似色でまとめると有効。メインのビーズの近くに粒の小さなビーズでワントーン暗い近似色を配置すると、影の効果で立体的に仕上がります。
ここではマットカラーの赤をキーカラーに、透明感のあるオレンジを合わせました。グラデーション効果で、リズム感が生まれます。

③90度の位置の色合わせ

色相環のキーカラーから見て90度の位置にある配色は、安定感が感じられます。同系色でまとめたくないけれど適度にバランスの良い配色にしたいときは、この辺の色を選んでみましょう。
ここではキーカラーの赤の90度にある黄色を合わせました。モチーフの形がわかりやすくなり、しっくりくる色合わせです。

面積によって、色の印象を操る

同じ２色の組み合わせでも、それぞれの色の面積で印象ががらりと変わります。ひとつのフラワーモチーフの中でも、花芯と花びらの配分を変えることでアレンジができます。

すべてを同系色でまとめた、赤いフラワーモチーフ。輪郭がはっきりせず、ぼんやりとしています。

↗

花芯を反対色の青にアレンジ。赤の面積が多いため、花びらが大きく広がっていく印象に。

↘

花びらを反対色の青にすると、輪郭がギュッと引き締まり、力強い印象になりました。

Lesson 2, Material ー素材ー

ワントーンでまとめた作品16（p.12）のネックレスのアレンジ例を紹介します。

素材をよく見て、引き立て合うビーズを選ぶ

配色に続いてアクセサリー作りの肝となるのが「素材」「質感」選び。素材合わせにルールは無用。サイズさえ同じなら、どんなビーズを合わせてもOKです。異素材の組み合わせから、面白い発見があるかもしれません。

ポイントは、絵画と同じで隣り合う色や素材が、お互いを引き立てる役割をするということ。図案を見ながらビーズを並べてみて、イメージをつかんでから作り始めましょう。

ガラスにも色々

作品16が不透明なガラスなのに対して、こちらはガラスの透明感を活かしてアレンジ。

この素材でアレンジ

❶メインは清涼感のあるクリアなビーズ。表面にオーロラ加工がされているため、光り具合が角度によって変わり目を引きます。
❷花びらの部分は半透明の白に。主張しすぎず、適度な存在感で、全体が優しい雰囲気に。
❸花の中心をくっきりさせるため、メタリックカラーを引き締め役に。
❹彩度の一番高い青は、小さな粒でちりばめて控えめに。

ウッドでナチュラル系

自然素材のウッドビーズでアレンジすると、優しい風合いになります。

この素材でアレンジ

❶メインはナチュラルカラーのウッドビーズ。ほっこりした質感で温かみのある印象に。
❷❶よりもワントーン暗いウッドをサブとして花びらの内側に配置すると、❶が引き立ちます。
❸不透明なビーズの中に、1種類だけ透明感のある素材を加え、光をプラス。
❹優しいピンクのビーズで、全体の明るさをアップ。

メタリック素材を効果的に使う

金属色でコーティング加工されたビーズや、メタルパーツそのものを使うことによって、金属特有の鈍い輝きや硬い質感を取り入れることができます。メタリック=スタイリッシュなイメージも。素朴なイメージのビーズを、一気にスタイルアップできます。

メタリックで縁取る

多面カットのきらめくビーズで編んだフラワーの輪郭を、メタル加工のビーズで縁取ったブローチ。輪郭がしっかりし、モチーフの重なりもわかりやすく。作品34 (p.21)

花芯にメタル素材

フラワーの中心をメタル加工のビーズで編んだペンダント。有機体のモチーフに金属の無機質な感じが加わり、スタイリッシュにまとまっています。作品19 (p.14)

メタルパーツでアレンジ

金属パーツそのものを編み込んだピアス。白いエポ加工のメタルパーツが、金属ならではの重厚感。丸小ビーズもメタル加工を選ぶと、ピアス金具から自然につながります。作品02 (p.06,07)

“透け感”の加減で優しさ、強さは自在

ガラスビーズは、色の加工によって透明感のあるものから全くないものまで様々。透け具合をビーズで調整することによって、アクセサリーを優しい雰囲気から力強く重たい雰囲気まで自在に調整できます。

透明感が強いと軽やか

透明感のあるビーズだけで全体を編んだラリエット。透け感が強いので全体がふんわりと優しく、ボリュームのあるデザインでも軽やかな仕上がり。作品44 (p.30)

マットのみで個性を強く

透け感ゼロのリングは、ピリッと辛めで個性的。コントラストが強く目立つので、コーディネートのワンポイントに取り入れやすいリングです。作品08,10 (p.10)

ポイント使いでバランスアップ

透明感があるビーズをチェーンに編みつけ、点々と配置した木の実のビーズに、マットカラーを選んで“透け感”のバランスを調整。作品17 (p.13)

Lesson 3, Arrange ー配置ー

シンメトリーとアシンメトリー 左右の配置でバランスをとる

左右対称なシンメトリー

左右対称の基本的な配置。中心から左右に向かってバランスのとれたデザインは、安定感を感じさせます。身につけるとしっくりと馴染むので、使いやすいアクセサリーに。

モチーフを並べるネックレスの場合は、体のラインに沿うように中心は大きめ、後ろに向かうほど小さなモチーフを並べていくとおさまりが良くなります。作品48（p.33）

Y字のネックレスは、自然と中心のモチーフに目がいくので、ネック部分はシンメトリーにして控えめに。首元をすっきり見せてくれるデザイン。作品43（p.29）

左右非対称なアシンメトリー

左右の統一感をなくして配置しながら、バランスをとって完成させます。自然の草花もアシンメトリーなように、アンバランス感が活き活きと魅力的に感じさせます。

アシンメトリーに初めて挑戦するなら、トップ部分だけで面積が狭いものを。コントラストの強いモチーフの場合、強い色（黒）を小さめに、高さをそろえてバランスをとります。作品06（p.09）

アシンメトリーのコツは、左右半分ずつのウエイトを同じにすること。中央から右寄りにモチーフを2つ重ねて配置した分、左はやや上に配置し、目線が均一に向かうように調整しています。作品41（p.27）

同じモチーフをタイプの違うネックレスに

作品41（p.27）のネックレスのフラワーモチーフを1個作り、形の異なるタイプにアレンジしてみましょう。

プリンセスネックレス

長さ45〜50cmのネックレスのことを指します。襟にかからず装いやすい、定番の長さ。短めなのでモチーフは中央に配置し、左右はシンプルにつないでいます。

Y字ネックレス

Y字部分の根元にモチーフを置き、あとはチェーンをつないで簡単にアレンジ。モチーフひとつでできる、シンプルですがおしゃれなアレンジです。

ロングネックレス

モチーフを2つつないで、ロングネックレスの片側に配置。胸よりやや高い位置にもってくることで、ブローチをつけているような安定感が出ます。

デザインのこだわりとアイデア

様々なデザインのアクセサリーが作れるビーズステッチ。
様々な発想やアレンジで、自分のスタイルを取り入れることもできます。

大小のモチーフを
裏側でつなぐ

モチーフの大小にこだわる

メインモチーフが大きめなので、間につなぐモチーフはサイズを控えめに。実はデザイン当初は小モチーフがもう少し大きめだったのですが、思い切って大小の差をつけたらすっきりしました。半分までをビーズで編み、肩から後ろはチェーンでデイリー使いしやすく。作品31（p.20）

小さい花は
閉じている

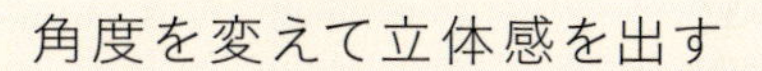

角度を変えて立体感を出す

ダガービーズのフラワーを２つ重ねたブローチ。小さなフラワーは、２つ穴のビーズを活かして花びらを閉じている状態に。同じビーズでも、ビーズの広がり具合を変えて、立体感に変化をつけたアレンジ。作品37（p.23）

芯にしている
４ホールビーズ

４ホールビーズを芯に

４つ穴のビーズを重ねて編み、その周りに花を付け加えていくことで、房状に垂れる花を表現しました。芯の４ホールビーズは表からは見えませんが、重要な役割を果たしています。ビーズの形をよく見て活かすのも、ビーズステッチの楽しみのひとつです。作品36（p.22）

実の根元から
ジョイントさせる

小枝から着想を得て

先端に実やパールのついた、細い小枝が連なるブレスレット。小枝も集まると大きな木になるように、同じモチーフの連続でひとつのアクセサリーが完成。つながっているけれど、どの枝も自由に動く面白いデザインになりました。作品47（p.32）

Bead Stitch Gallery

作品ギャラリー

大小様々なボタニカルモチーフを組み合わせれば、ボリュームのある作品に仕上げることもできます。
それぞれの世界観あるアクセサリー。共通しているのはただひとつ「針と糸で編む」という
ビーズステッチの技法。懐の深い、ビーズステッチの世界です。
＊ p.40-41 の掲載作品の作り方は紹介していません。

クッカ　ネックレス

異国情緒漂うコントラストの強い色使いのネックレスは、東欧の陶器の
絵付けをイメージして。旅した先の思い出をアクセサリーにしても素敵です。

カプカ　ブローチ

爪つきストーンをふんだんにあしらった
星形の白い花を、ブローチに。パールのアクセサリーは、
ビーズの素直な美しさが楽しめます。

The Small World of the Blue Sea Collar
ネックレス

輪っかがいっぱいのネックレス。気ままに編んだ
モチーフが集まって、楽しくおしゃべりしているようです。

花と蕾　ネックレス

大輪の花の間に、ペタルビーズで作った閉じた蕾をたっぷりつないだネックレス。
ネック部分の黒で全体を引き締め、スタイリッシュに仕上げました。

ビーズステッチ　基本の道具と材料

❶ビーズマット

クッション性のあるビーズ作業専用マット。ビーズの粒が転がりにくい上に、表面の繊維が起毛しているためビーズの穴を針で拾いやすくなっています。針を刺して休めておくこともできます。

❷平ペンチ

先端が平たいペンチ。丸カンの開閉に、２本あると便利です。

❸ニッパー

チェーンのカットに使います。

❹ビーズクリップ

作り始めのストッパービーズの代わりに糸を挟んだり、作業途中の糸を挟んで留めておきます。

❺糸切りはさみ

糸始末のときに他の糸を切ったり、ビーズを傷つけることのないように、先端の尖った、よく切れるはさみを選びましょう。

❻目打ち

パールビーズのバリ（穴の周りの余分な塗装）をとったり、編み間違いの糸をほどくのに使います。

❼定規、メジャー

糸の長さや、編み地の寸法を測ります。

ビーズ針

ビーズステッチ専用の針。ビーズの穴を通すため、針先から頭まで全体に細くなっていて、よくしなるため折れにくいのが特徴です。メーカー、サイズなど様々ですが、好みに合ったものを探してみましょう。本書の中では主に、10号と12号の針を使用しています。

● 号数について

10号、11号、12号の針がよく使われます。数字が大きくなるほど細くなります。シンプルな編み方（ビーズ１粒に針を通す回数が少ないもの）は10号、複雑な編み地や、細かい粒を使う場合は、12号がおすすめです。

● 長さについて

メーカーにもよりますが、一般的に3.5cmほどの短針、５cmほどの長針があります。一度にたくさんのビーズを通す場合は、長針が使いやすいでしょう。細かい編み戻しや、糸が短くなったときは短針につけかえると便利です。

糸

ビーズステッチ専用の糸。ビーズの色やサイズに合わせて選びます。縒りのない単糸のため、絡まりにくいのが特徴。ナイロン製糸と合成繊維糸があります。

● ナイロン製糸

本書の作品は、すべてこちらで製作。色数豊富で、強度のあるビーズ専用糸。種類によって、太さや、強度、すべり具合が異なります。K.O.ビーディングスレッド、SoNoビーズスレッド、モノコードなど。

● 合成繊維糸

非常に丈夫な合成繊維の糸。表面が特殊コーティングされているためビーズのすべりが良く、絡みにくいため作業がスムーズです。ナイロン製よりは色数が少なく、高価。ファイヤーライン、ワイルドファイヤーなど。

ビーズ

特小ビーズ・丸小ビーズ・丸大ビーズ

シードビーズと総称される、種のように小さい粒のガラス製ビーズ。特小が1.5mm、丸小が２mm、丸大が３mm。Takumi LHは穴の大きなシードビーズ。

変形ビーズ

シードビーズの一種で、ガラス製。ドロップビーズ、ロングドロップビーズ、ロングマガ玉ビーズなど。

竹ビーズ・ツイストビーズ

シードビーズの一種で、竹筒のように細長い。３mmが１分竹、６mmが２分竹、12mmが４分竹。ツイストビーズは細長くツイストしている。

デリカビーズ

ビーズ織り専用に開発された、チューブ状で断面がシャープなビーズ。隙間なく並べられる。

ガラスビーズ

ガラスの丸玉や、ピーナッツ状のガラスビーズなど。

パールビーズ

表面にパール塗装が施されたビーズ。芯の素材はガラス、アクリル樹脂など様々。

２ホール・４ホールビーズ

１粒に穴が２つ、４つと複数あいているビーズ。チェコ製、国産など。糸の折り返しが少なく、複雑に編めるため、ビーズステッチに向いている。

チェコビーズ　加工技術の本場、チェコで作られたガラスビーズ。

リーフのデザイン

プレス加工で成形されたビーズや、マシンでカットされたものなど。ボタニカルのイメージに合う、葉そのもののデザインも多い。

花びらのデザイン

花びらの形や、花そのもののデザインなど。温かみのある色合いや、細やかな加工が魅力。

金具類・メタルパーツ

メタルパーツ

金属製のパーツ。透かし模様のプレートや、金属の上からエポキシ樹脂で加工を施したものなど。

チェーン

細くてシンプルなものや、凝ったデザインの施されたデザインチェーンなど。ニッパーでカットして使います。

基礎金具

アクセサリーの両端につなぐ、留め金具類。引き輪やカニカンを、丸カンでつなぎ、もう片端には板カンやアジャスターをつなぎます。マンテルは輪とバーをセットで使います。

アクセサリー金具

アクセサリーに仕上げるための金具。穴がたくさんあいている「シャワー」に編み地を縫いつけて仕立てるブローチ金具や、ピアス・イヤリングの金具など。

【丸カンの使い方】

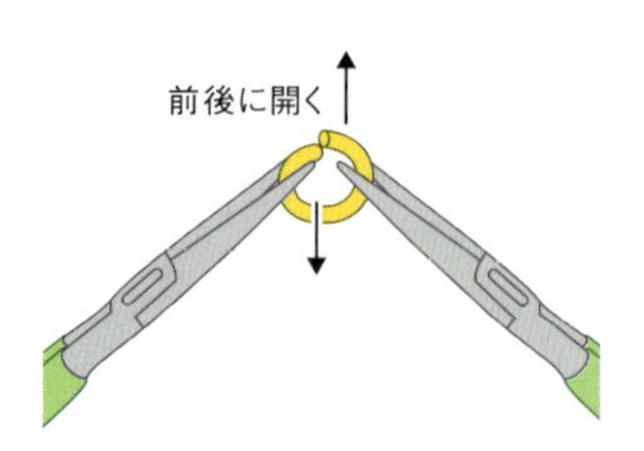

❶丸カンの切れ目を上にして両端を平ペンチでしっかりつかみます。利き手に持った平ペンチで、前後にずらすように開きます。

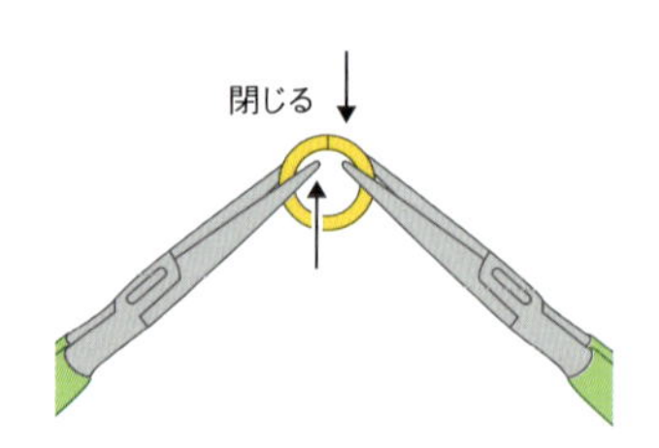

❷開いた輪にチェーンやパーツを通したら、開いたときと同様に前後にずらすように閉じます。切れ目に隙間ができないよう、しっかりと閉じましょう。

ビーズステッチのテクニック

● 基本的な編み方

【通す】

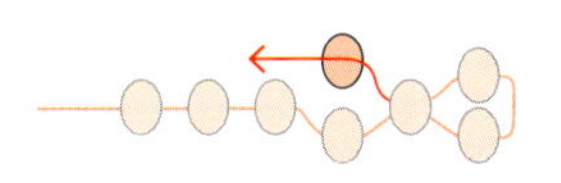

新しいビーズを通すこと。

【拾う】

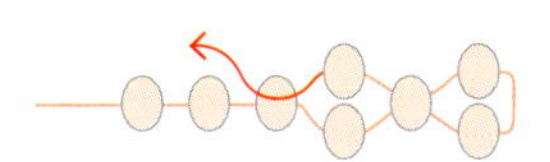

すでに編んだビーズに、もう一度糸を通すこと。

拾い方

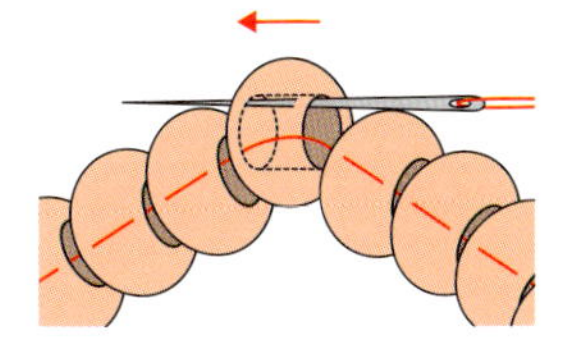

針の先を、前に通した糸に刺して割らないように注意。糸が弱くなったり、編み間違えてほどくときに絡まる原因になります。

【すくう】

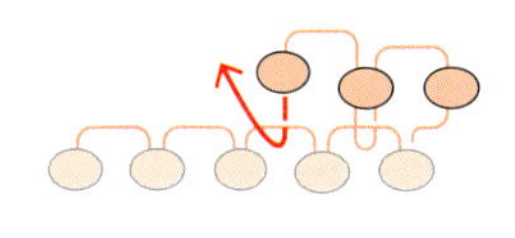

ビーズではなく、糸だけを拾うこと。

● 作り始め

【ストッパービーズをつける】　編み始めの糸端に余分なビーズを１個つけ、仮止めします。

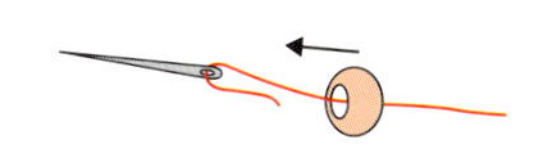

❶針に糸を通して、ストッパービーズを１個通します。作品のビーズとは異なる色の丸小ビーズがおすすめです。

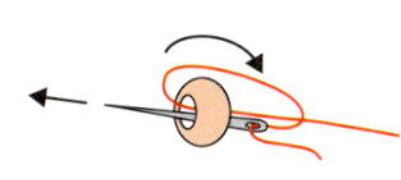

❷ビーズの中で糸を割らないよう注意して、もう一度ストッパービーズを拾います。

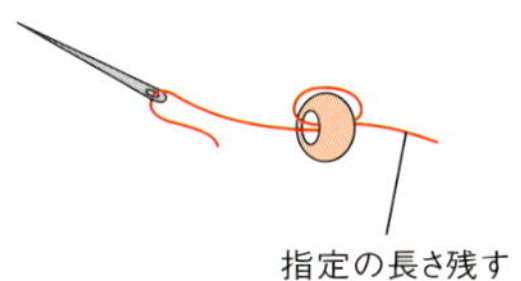

❸糸端を指定の長さ残して、糸を引き締めます。ここから図案の通りに編んでいきます。

ビーズクリップを使う方法

ストッパービーズの代わりに、糸端を指定の長さ残してクリップでとめてもかまいません。

【固結びする】　糸端を固結びしてスタートする場合。

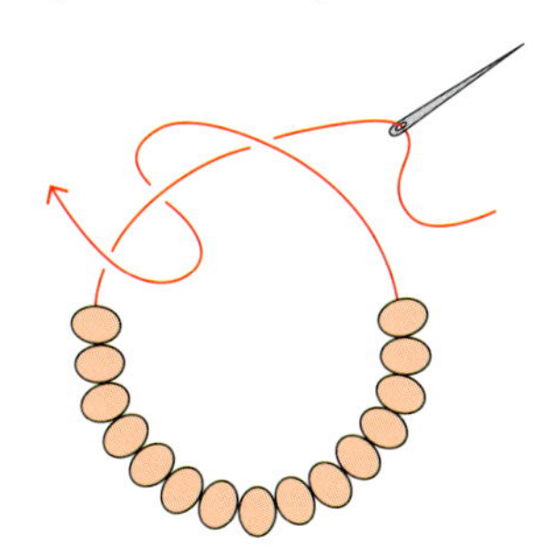

❶ビーズを通したら糸端を指定の長さ残し、短い方を上にして１回結びます。

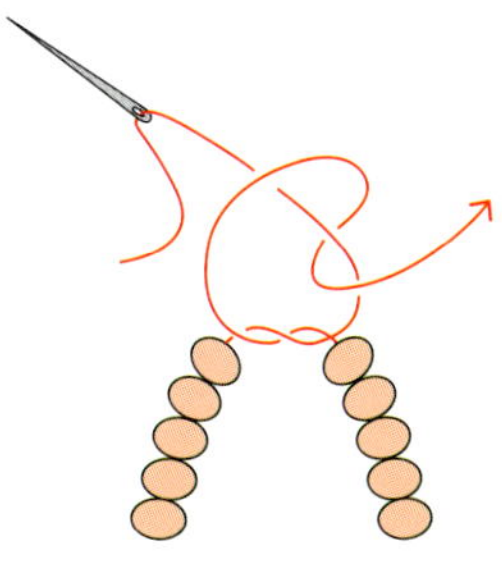

❷短いほうを上にして、もう１回結びます。

糸の折り返しについて

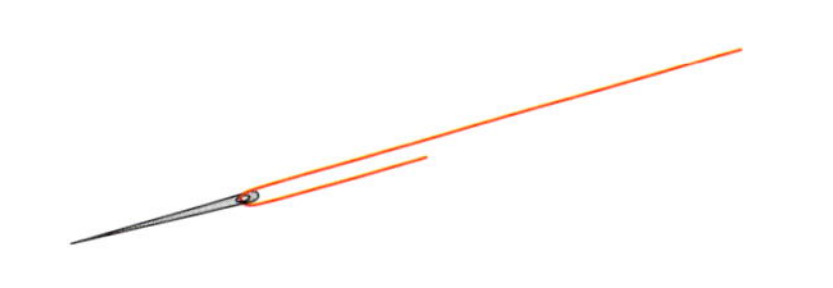

糸は１本どりで使います。使う長さの1/3ほどのところに針をもってきて、糸を折り返します。同じ位置で折り返したままだと糸が弱くなるので、ときどき場所を変えましょう。

糸始末の仕方

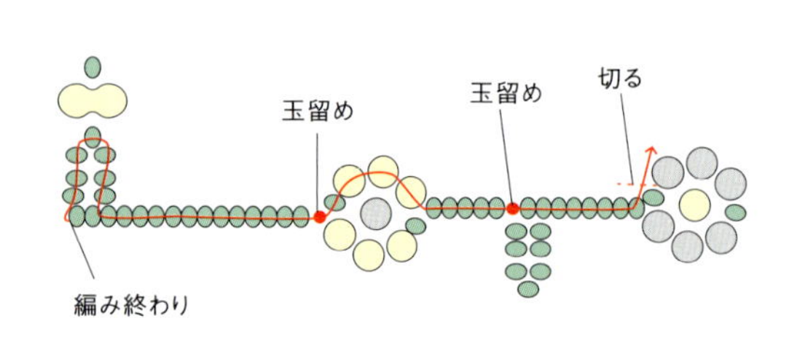

【玉留めで始末する】

前に編んだビーズを拾いながら編み戻し、途中で玉留めを２回ほどし、再びビーズを拾ってから糸を切ります。

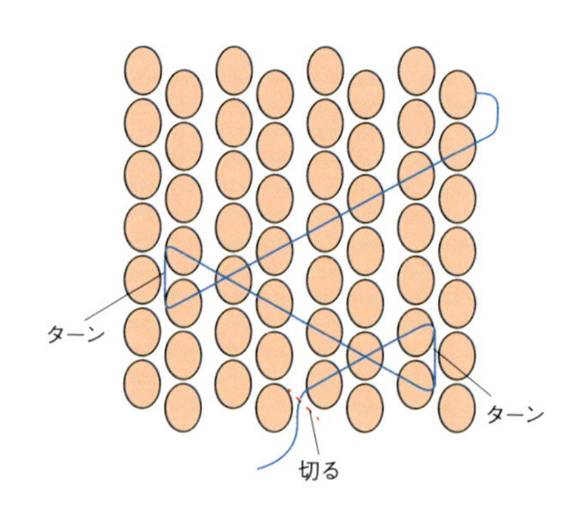

【ペヨーテ・ブリックステッチの編み地】

ペヨーテ・ブリックステッチでは玉留めをしません。ビーズを拾い、２回くらいターンしてから糸を切ります。

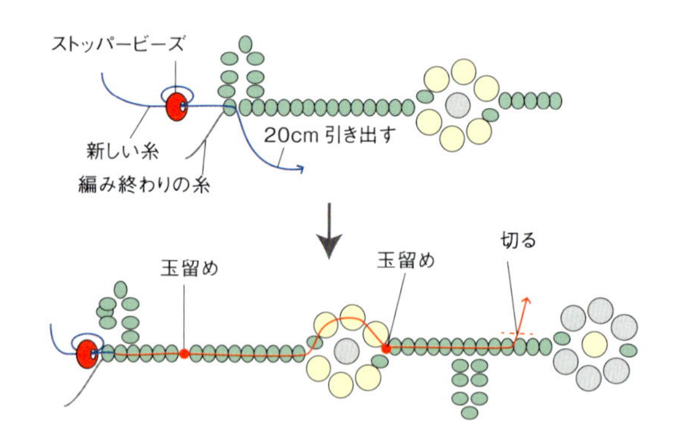

【新しい糸の足し方】

残りの糸が20cmほどになったら針を外し、古い糸はそのままにして、新しい糸を針につけます。編み終えた部分のビーズに逆から針を入れ、20cm引き出します。長く残したほうにストッパービーズをつけ、編み戻りながら玉留めを２回ほどし、再びビーズを拾ってから糸を切ります。ストッパービーズを外し、最後のビーズから出ている長い糸を針につけ、続きを編みます。少し編み進んだら、最後に残った糸も玉留めで始末します。

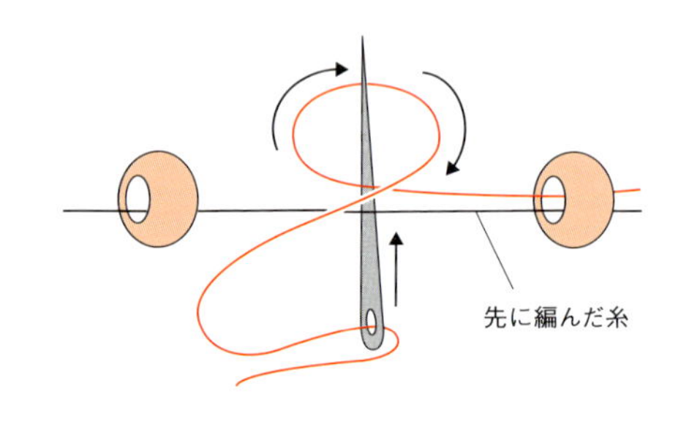

【玉留めの仕方】

先に編んだ編み地の糸を針ですくい、糸を針に１回巻きつけて、そのまま針を抜きます。

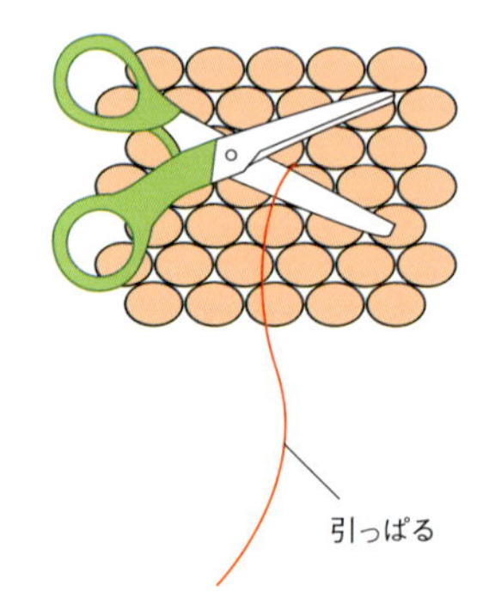

【編み終わりの糸の切り方】

糸端が編み地から飛び出さないように、糸をひっぱりながら編み地の際で糸を切ります。

how to make

作品の作り方

【材料について】
●材料の下に、お取扱店を記載しています。
商品についてのお問い合わせは、お取扱先をお間違えのないようご注意ください。
●各店のお問い合わせ先は、p.112をご覧ください。
●【　】内は品番、または色番号を記載しています。

【作り方について】
●作り方の図の中で「糸始末」の部分は、p.46の「糸始末の仕方」を参照し、行います。
●糸の長さは目安です。編み手によって多少の個人差がありますので、足りなくなった場合はp.46の「新しい糸の足し方」を参照し、糸を追加しましょう。
●糸が長くて作業しにくい場合は、自分の身長程度の長さの糸を用意し、足りなくなったら追加しながら作りましょう。
●作り方の図はp.06〜33の写真と、作品の向きが異なるものがあります。この場合、作り方の図の通りに作ってください。

p.06,07　01,02

＊仕上がりサイズ
ネックレス長さ約59cm
ピアス長さ約7.5cm（ピアス金具をのぞく）

材料

01

丸小ビーズ（本金メッキゴールド）【01613】……415個
ガラスビーズ（ラウンド・6mm・ピスタチオ）【6-4806】……42個
チェコビーズ（フラットオーバル デイジー・18×12mm・イエロー×ゴールドライン）【22083】……4個
チェコビーズ（フラットオーバル デイジー・18×12mm・ライトピンク×ゴールドライン）【22080】……4個
チェコビーズ（リーフ横穴・12×7.5mm・トパーズG）【22208】……10個
ベネチアンビーズ（ヴェナートアベンチュリーナ ハート・15×10mm・グリーン）【03500】……1個
メタルパーツ（エポフラワー・15.4×15.8mm・ホワイト）【091207-01】……5個
マンテル（ゴールド）【72393-G】……1組

02

丸小ビーズ（本金メッキゴールド）【01613】……154個
ガラスビーズ（ラウンド・3mm・ピスタチオ）【6-4803】……10個
ガラスビーズ（ラウンド・6mm・ピスタチオ）【6-4806】……24個
メタルパーツ（エポフラワー・15.4×15.8mm・ホワイト）【091207-01】……2個
ピアス金具（スカシパーツ付・古代金）【08359-KG】……1組

糸：白　針：10号
（材料提供：ビーズ X-SENSE　【　】内は商品番号）

作り方

【ネックレス】
❶トップのモチーフを作る。糸を110cmに切り、糸端65cm残す。丸小ビーズ10個を通して輪にし、編み始めに残した糸と固結びし、最初に通した丸小を拾う。これが1段めとなる。【図1】
❷2段め、3段めは丸小2個を通して、前の段を拾いながら編む。【図2】
❸4段めは丸小を2個、5段めは3個通して編み、1周する。最初に通したビーズを拾い、メタルパーツの穴に裏から通し、丸小を通してメタルパーツに戻す。丸小を拾い、編み終わりの糸を始末する。【図3】
❹編み地を裏返す。編み始めに残した糸を針に通し、②と同様に2段め、3段めを編む。【図4】
❺図のように丸小・チェコビーズ（リーフ横穴）・ベネチアンビーズを通す。リーフの間に丸小3個通し、1周して丸小2個とリーフを拾う。【図5】
❻リーフの間に丸小を3個ずつ通す。【図6】
❼⑥で通した丸小3個の真ん中を拾い、丸小5個通しながら1周させる。最初に通した5個のうち3個めを拾って立ち上がり、各々の5個の真ん中を拾い、糸を始末する。【図7】
❽3回に分けて全体をつなぐ。糸は1本めは100cm、2本めは90cm、3本めは60cmに切る。糸端20cm残して1本めのスタートから図のようにビーズを通す。メタルパーツの裏側を拾って仕上げるので、図は裏側。全体を2周させて糸を出合わせて固結びし、始末する。2本め、3本めも図のように編む。【図8】
❾糸を90cmに2本切り、糸端20cm残して図のように左右それぞれビーズを通し、マンテルをつける。途中メタルパーツを拾って全体をつなぎ、糸を出合わせて固結びし、始末する。【図9】

【ピアス】
❶糸を50cmに切り、糸端15cm残して丸小ビーズ・ガラスビーズ（3mm）を図のように通し、ピアス金具を拾って飾りをつける。糸は出合わせて固結びし、始末する。【図10】
❷糸を100cmに切り、糸端20cm残してピアス金具に通し、図のようにビーズを通す。金具を2回拾い糸を出合わせて固結びし、始末する。【図11】

【ネックレス】

【図1】

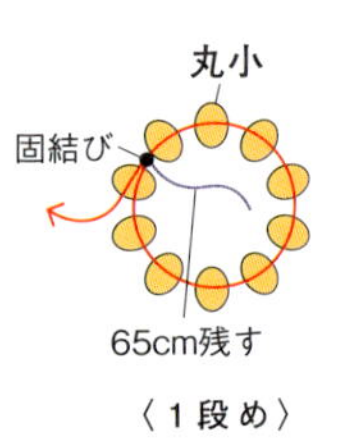

〈1段め〉

【図2】

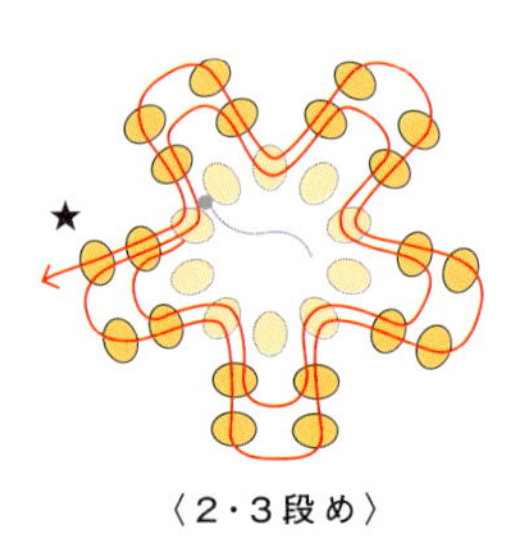

〈2・3段め〉

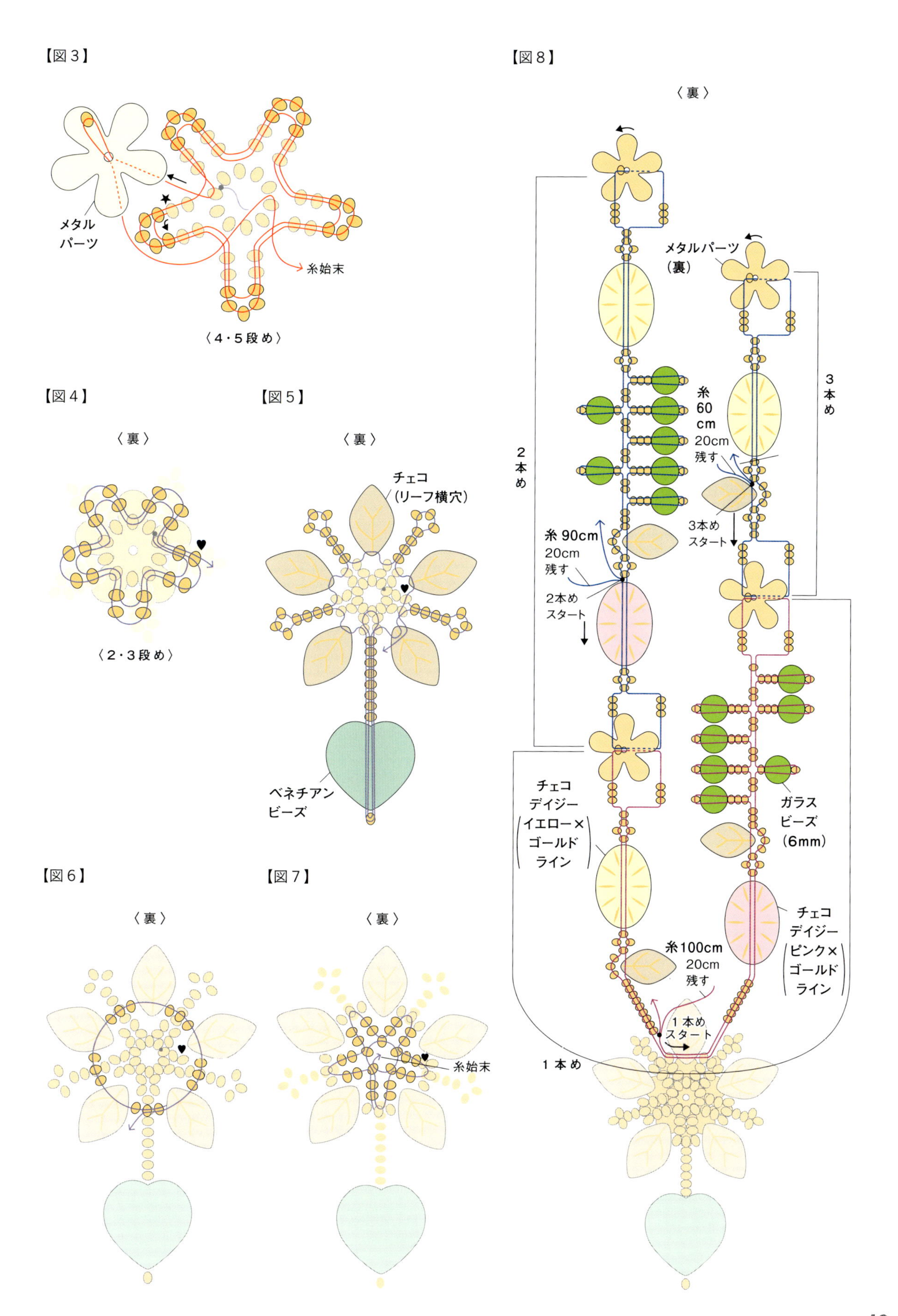
【図3】
メタル
パーツ
★
糸始末
〈4・5段め〉
【図4】
〈裏〉
♥
〈2・3段め〉
【図5】
〈裏〉
チェコ
(リーフ横穴)
♥
ベネチアン
ビーズ
【図6】
〈裏〉
♥
【図7】
〈裏〉
♥
糸始末
【図8】
〈裏〉
メタルパーツ
(裏)
3本め
糸
60
cm
20cm
残す
3本め
スタート
2本め
糸 90cm
20cm
残す
2本め
スタート
チェコ
デイジー
(イエロー×
ゴールド
ライン)
ガラス
ビーズ
(6mm)
チェコ
デイジー
(ピンク×
ゴールド
ライン)
糸100cm
20cm
残す
1本め
スタート
1本め

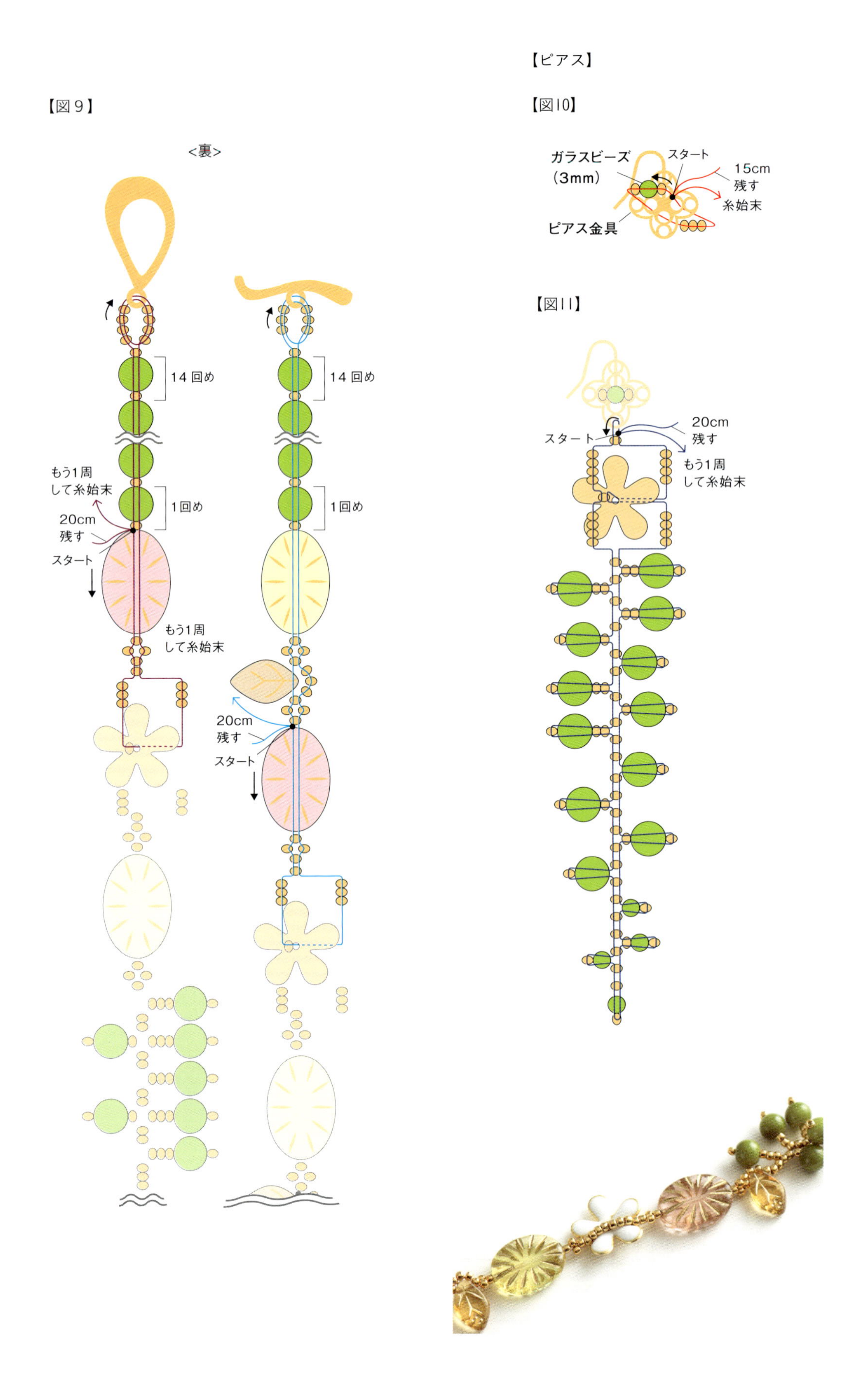
【図９】
<裏>
14 回め
1回め
もう1周
して糸始末
20cm
残す
スタート
14 回め
1回め
もう1周
して糸始末
20cm
残す
スタート
【ピアス】
【図10】
ガラスビーズ
（3mm）
スタート
15cm
残す
糸始末
ピアス金具
【図11】
20cm
残す
スタート
もう1周
して糸始末

p.08　o3,o4

＊仕上がりサイズ
ブレスレット長さ約19cm（アジャスターをのぞく）
ネックレス長さ約40cm

材料

o3

丸小ビーズ（ゴールドメタリック）【CB-18304】
……84個
チェコガラスパール（ラウンド・2mm・ホワイト）
【FE-00161-01】……13個
チェコガラスパール（ラウンド・6mm・ホワイト）
【FE-00103-01】……4個
チェコガラスパール（しずく・4×6mm・ホワイト）
【FE-00095-01】……1個
チャーム（ジルコニア・ゴールド）【EU-02076-G】
……1個
チェーン（ゴールド）【NH-40027-G】……約9cm
丸カン（0.6×3mm・ゴールド）……2個
カニカン（ゴールド）……1個
アジャスター（ゴールド）……1個

o4

丸小ビーズ（ゴールド系 外銀）【CB-18304】……36個
チェコガラスパール（ラウンド・2mm・ホワイト）
【FE-00161-01】……35個
チェコガラスパール（しずく・4×6mm・ホワイト）
【FE-00095-01】……18個
チェーン留め具付（40cm・ゴールド）【NH-40027-G】
……1本

糸：白　針：12号
（材料提供：パーツクラブ　【　】内は商品番号）

作り方

【ブレスレット】
❶チェーンを4.5cm×2本に切る。
❷糸を120cmに切り、糸端20cm残してチェーン（カニカン側）の端を2回拾い、編み始めに残した糸と固結びする。ビーズとチャームを図のように通す。【図1】
❸最後に通した丸小3個を芯にして拾いながら、丸小3個を合計6回通して実を作る。【図2】
❹間に丸小・チェコガラスパール・丸小を通しながら③と同様に実を合計3個作る。続けて図のようにビーズを通し、もう1本のチェーンの端を2回拾い、糸を始末する。【図3】
❺チェーンの両端にカニカン、アジャスターを丸カンでつなぐ。【全体図】

【ネックレス】
❶チェーン留め具付を、留め具をつけたまま左右各15cmを残して切る。留め具のついていない部分は使わない。【図5】
❷糸を100cmに切り、糸端20cm残してチェーン（板カン付）の端を2回拾い、編み始めに残した糸と固結びする。図のようにビーズを通し、花モチーフを編む。【図6】
❸図のように編み戻り、次のビーズを通して2個目の花モチーフを編む。【図7】
❹③と同様に花モチーフをもう1個編み、もう1本のチェーン（引き輪付）の端を2回拾い、糸を始末する。【図8】

【ブレスレット】

【図1】　　【図2】

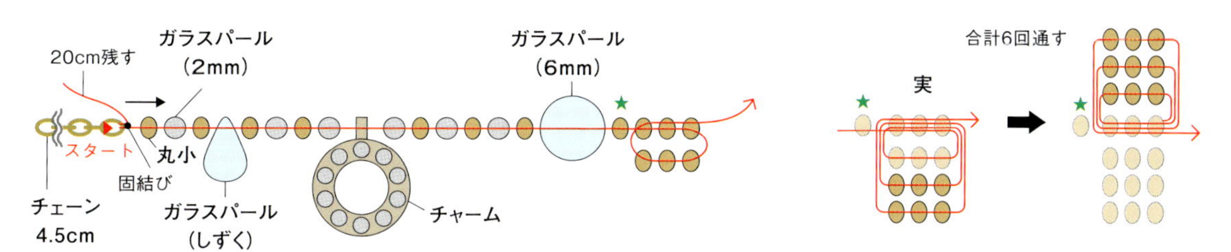

【図３】

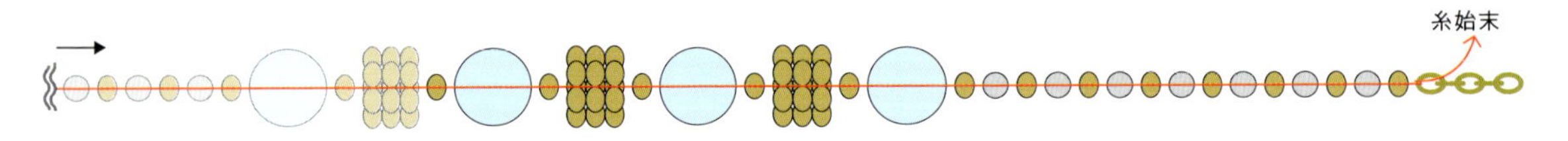

【全体図】

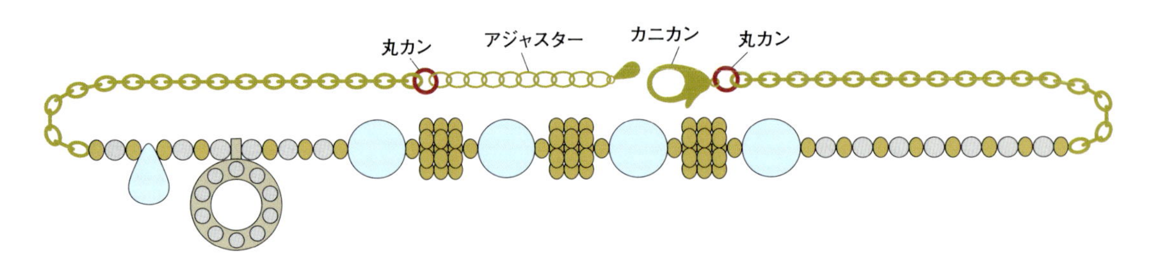

【ネックレス】

【図５】　　　　【図６】

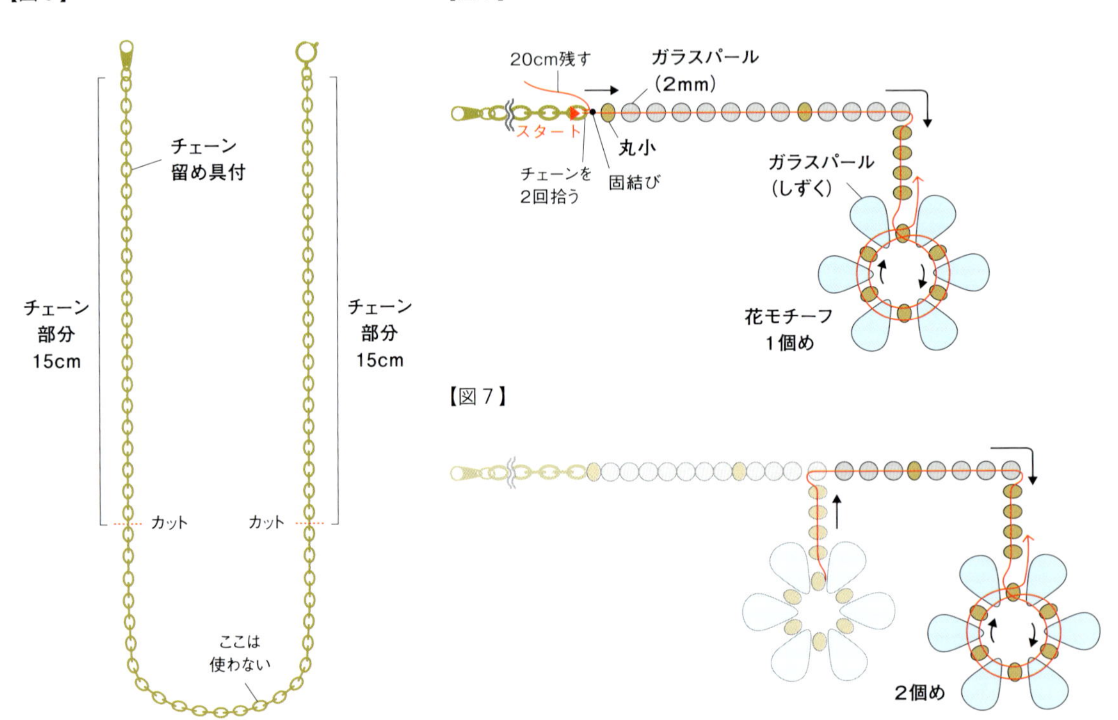

【図８】

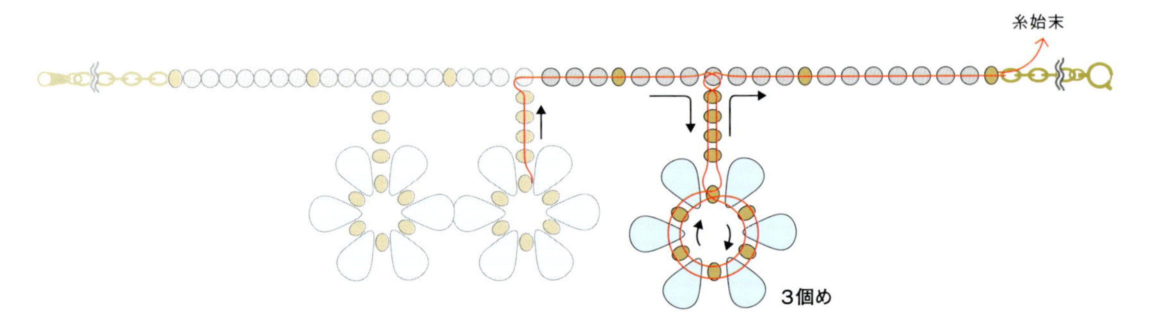

p.09　o5,o6

＊仕上がりサイズ
イヤリング長さ約3.5cm（イヤリング金具をのぞく）
ネックレス長さ約41.5cm（アジャスターをのぞく）

材料

o5

特小ビーズ（黒）【TH-R15-0507】……36個
丸小ビーズ（白）【TH-R11-41】……36個
丸小ビーズ（黒）【TH-R11-0005】……10個
丸大ビーズ（白）【TH-R8-41】……12個
プレスビーズ（２ホール オーバル・６x３mm・チョークホワイト）【2-B26-0300】……12個
プレスビーズ（２ホール オーバル・６x３mm・ジェット）【2-B26-2398】……12個
丸カン（0.6×３mm・シルバー）【CM-O06M3SIL-1】……４個
チェーン（シルバー）【CMC-65-OR】……約３cm
イヤリング金具（シルバー）【CM-R14OR-B】……１組

o6

特小ビーズ（黒）【TH-R15-0507】……16個
丸小ビーズ（白）【TH-R11-41】……64個
丸小ビーズ（黒）【TH-R11-0005】……39個
丸大ビーズ（白）【TH-R8-41】…６個
プレスビーズ（２ホール オーバル・６x３mm・チョークホワイト）【2-B26-0300】……22個
プレスビーズ（２ホール オーバル・６x３mm・ジェット）【2-B26-2398】……14個
丸カン（0.6×３mm・シルバー）【CM-O06M3SIL-1】……４個
チェーン（シルバー）【CMC-65-OR】……約33cm
カニカン（シルバー）【CM-LOB41-SIL】……１個
アジャスター（シルバー）【CM-CA50-SIL】……１個

糸：白　針：10号
（材料提供：COSJWE　【　】内は商品番号）

作り方

【イヤリング】
❶黒い花を作る。糸を60cmに切り、糸端20cm残してビーズを通して輪にし、編み始めに残した糸と固結びする。これが１段めとなる。特小・２ホール（ジェット）を拾って２段めに立ち上がる。【図１】
❷２段めは１段めを拾いながら編む。途中１か所だけ２ホール（チョークホワイト）と特小２個を通し、糸を始末する。【図２】
❸白い花を作る。糸を60cmに切り、糸端20cm残してビーズを通して輪にする。５個めの２ホール（チョークホワイト）は②で通したものを拾う。編み始めに残した糸と固結びする。これが１段めとなる。丸小・２ホールを拾って２段めに立ち上がる。【図３】
❹２段めは図のように１段めを拾いながら編み、糸を始末する。【図４】
❺チェーンを1.5cmに切り、イヤリング金具のカンに通し、両端のコマと編み地を丸カンでつなぐ。【全体図】

【ネックレス】
❶白い花大を作る。糸を80cmに切り、糸端20cm残して図のように通して輪にし、編み始めに残した糸と固結びする。これが１段めとなる。丸小（白）・２ホール（チョークホワイト）を拾って2段めに立ち上がる。【図５】
❷２段め・３段めも前の段のビーズを拾いながら編み、糸を始末する。【図６】【図７】
❸右側の黒い花を作る。糸を60cmに切り、糸端20cm残してイヤリングの①、②を参照し、途中で白い花大の２ホール（ジェット）を拾いながら編み、糸を始末する。【図８】
❹左側の黒い花を作る。糸を60cmに切り、糸端20cm残して③を参照し、途中で白い花大の２ホール（ジェット）を拾いながら編む。２段めには途中１個だけ２ホール（チョークホワイト）を通し、糸を始末する。【図９】
❺白い花小を作る。糸を60cmに切り、糸端20cm残してイヤリングの③、④を参照し、途中で④の黒い花の２ホール（チョークホワイト）を拾いながら編み、糸を始末する。【図10】
❻チェーンを16.5cm・２本に切り、図のように編み地に丸カンでつなぐ。チェーンの両端に丸カンでカニカン、アジャスターをつなぐ。【全体図】

【イヤリング】

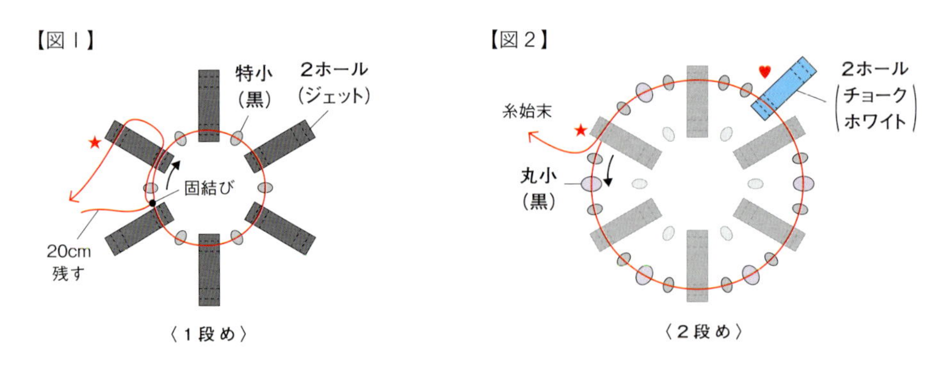

【図1】
特小
(黒)
2ホール
(ジェット)
固結び
20cm
残す
〈1段め〉
【図2】
2ホール
(チョーク
ホワイト)
糸始末
丸小
(黒)
〈2段め〉

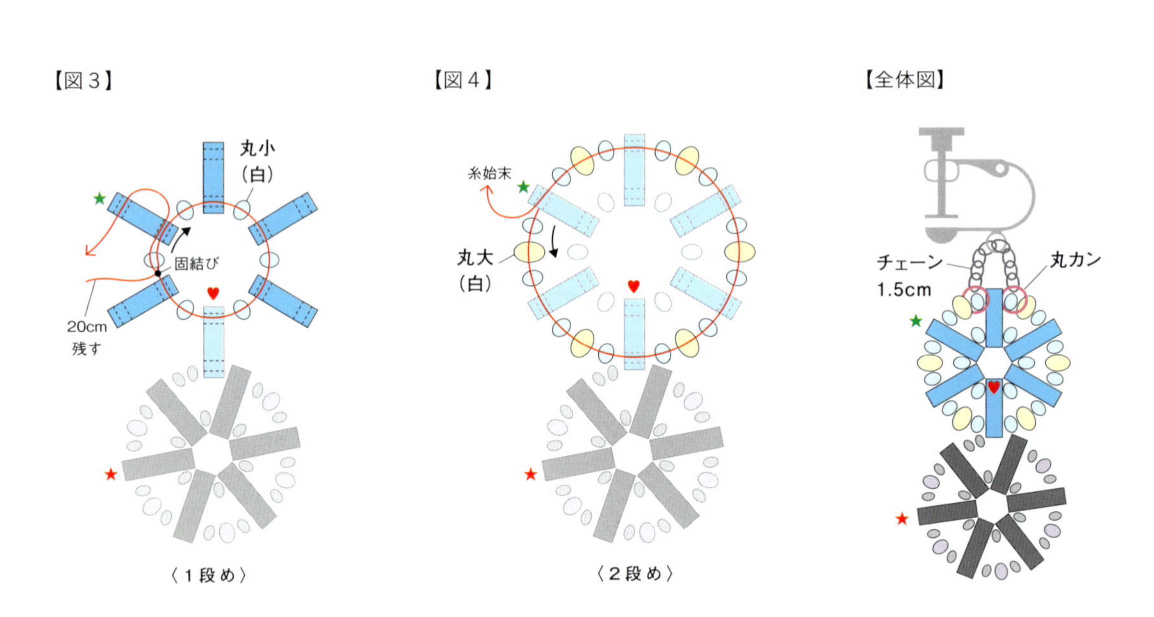

【図3】
丸小
(白)
固結び
20cm
残す
〈1段め〉
【図4】
糸始末
丸大
(白)
〈2段め〉
【全体図】
チェーン
1.5cm
丸カン

【ネックレス】

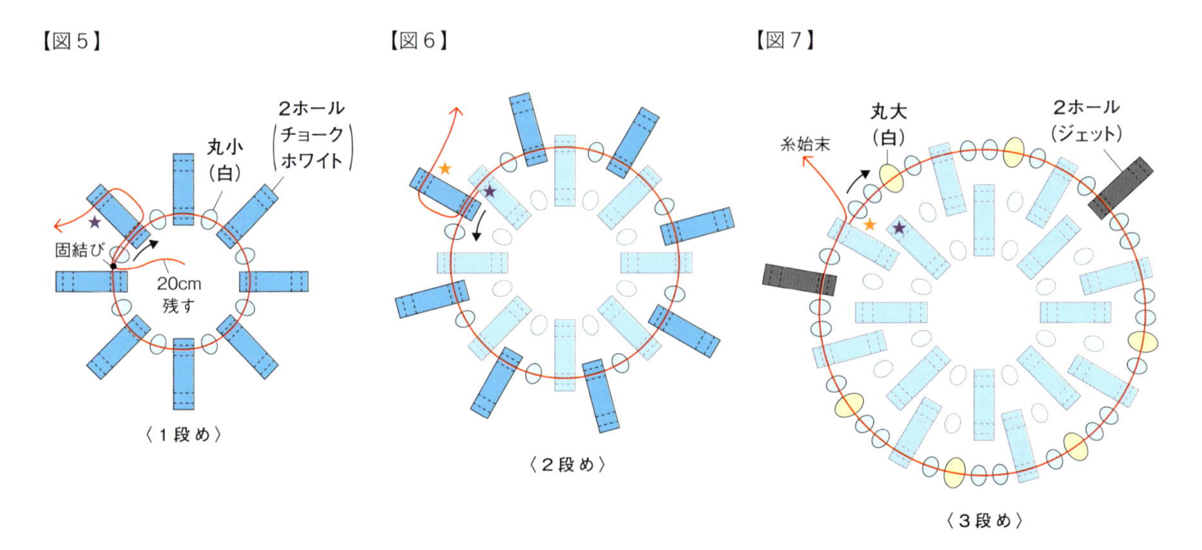

【図5】
2ホール
(チョーク
ホワイト)
丸小
(白)
固結び
20cm
残す
〈1段め〉
【図6】
〈2段め〉
【図7】
丸大
(白)
2ホール
(ジェット)
糸始末
〈3段め〉

【図8】

【図9】

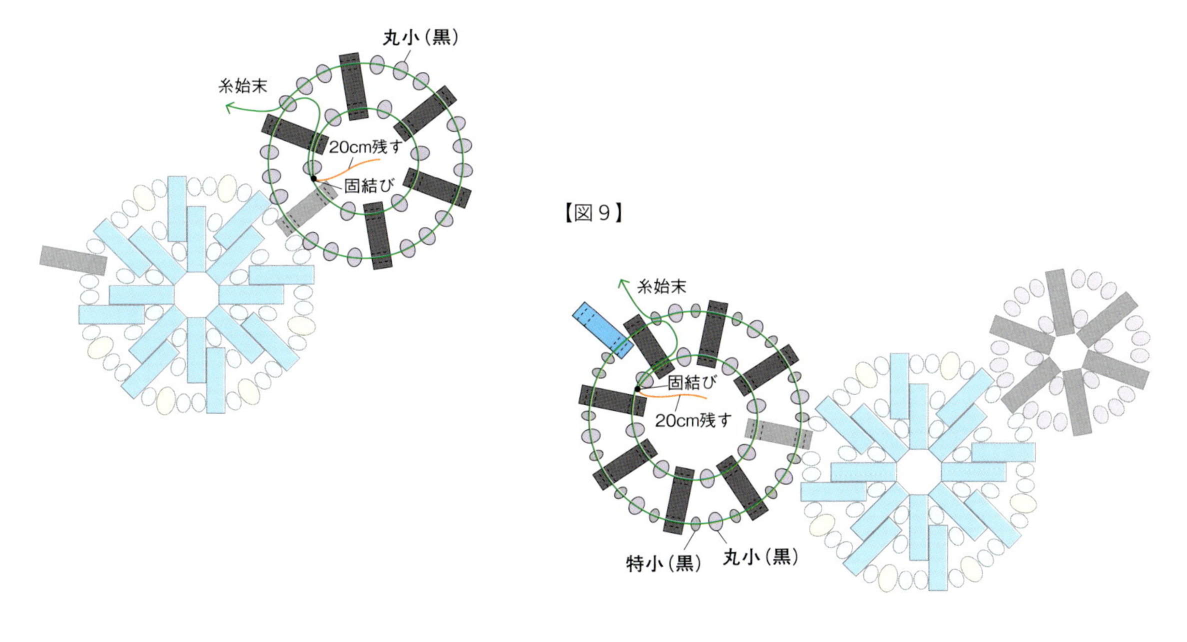
丸小（黒）
糸始末
20cm残す
固結び
糸始末
固結び
20cm残す
特小（黒）
丸小（黒）

【図10】

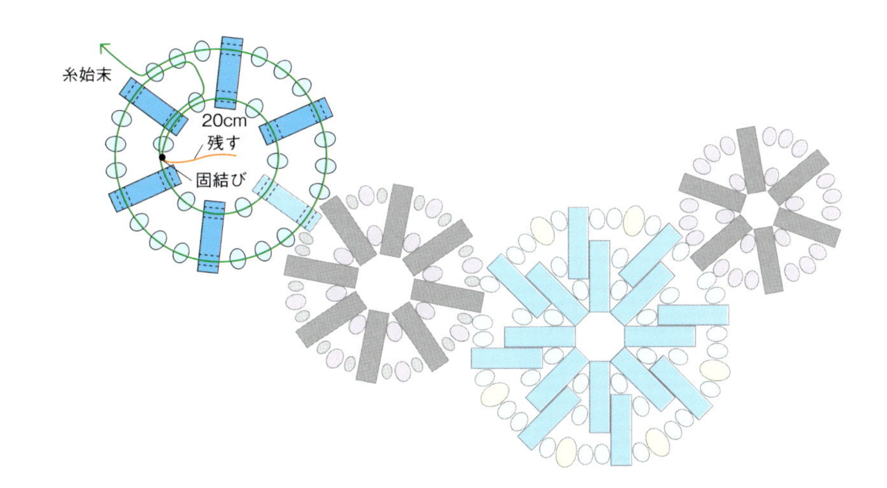
糸始末
20cm
残す
固結び

【全体図】

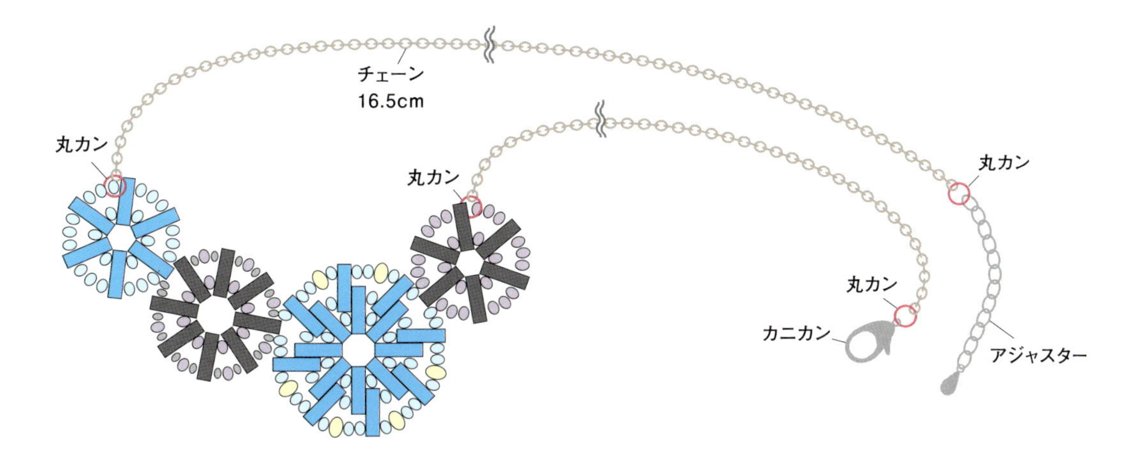
チェーン
16.5cm
丸カン
丸カン
丸カン
丸カン
カニカン
アジャスター

p.10　07,08,09,10

＊仕上がりサイズ
ブレスレット長さ約17cm（アジャスターをのぞく）
リング約11号

材料

07
スーパーデュオビーズ
A（チョークブルーラスター）【H6894】……37個
B（オペークコーラルレッド）【H6885】……47個
特小ビーズ（デュラコート シルバー）【#4201/H6448】……128個
丸大ビーズ（ラブラドル マット）【#4558/H6807】……９個
カニカン（シルバー）【K1650/10/S】……１個
アジャスター（シルバー）【K566/S】……１個

08
スーパーデュオビーズ
A（チョークブルーラスター）【H6894】……５個
B（オペークコーラルレッド）【H6885】……15個
特小ビーズ（デュラコート シルバー）【#4201/H6448】……20個
丸大ビーズ（ラブラドル マット）【#4558/H6807】……15個
デリカビーズ（水色）【DB217】……40個
手芸用ゴム糸（0.5mm）【H3180】……50cm

09
スーパーデュオビーズ
A（オペークグリーン）【H6884】……37個
B（アイボリーラスター）【H6818】……47個
特小ビーズ（こげ金）【#457】……128個
丸大ビーズ（ツヤ消　ブロンズグリーンAB）【#2008/H2955】……９個
カニカン（ゴールド）【K1650/10/G】……１個
アジャスター（ゴールド）【K566/G】……１個

10
スーパーデュオビーズ
A（オペークグリーン）【H6884】……５個
B（アイボリーラスター）【H6818】……15個
特小ビーズ（こげ金）【#457】……20個
丸大ビーズ（ツヤ消　ブロンズグリーンAB）【#2008/H2955】……15個
デリカビーズ（薄茶）【DB204】……40個
手芸用ゴム糸（0.5mm）【H3180】……50cm

糸：白　針：10号 ※リングの手芸用ゴム糸にはビーズ通し針を使用
（材料提供：株式会社MIYUKI／ビーズファクトリー
【　】内は商品番号）

作り方

【ブレスレット】
❶花大を作る。糸を80cmに切り、糸端20cm残してスーパーデュオ**A**を５個通して輪にし、編み始めに残した糸と固結びする。これが１段めとなる。図のように拾って２段めに立ち上がる。【図１】
❷糸から針をいったん外し、休ませておく。編み始めに残した糸に針をつける。①の中央に丸大を編み、糸を始末する。【図２】
❸休ませておいた糸に針をつけ、２段めは１段めを拾いながらビーズを通して編む。図のように拾って３段めに立ち上がる。【図３】
❹３段めは２段めのスーパーデュオ**B**をぐるりと拾いながら新たな**B**を１個ずつ通して編み、糸を始末する。【図４】
❺花中(**あ**)を作る。糸を90cmに切り、糸端20cm残してスーパーデュオ**B**を６個通して輪にし、編み始めに残した糸と固結びする。これが１段めとなる。図のように拾って２段めに立ち上がる。【図５】
❻２段めは１段めを拾いながら図のように通して編み、編み終わりの糸は休ませておく。編み始めに残した糸は始末する。同じものをもう１個作る。【図６】
❼スーパーデュオ**A**と**B**の色を逆にして、花中(**い**)を２個作る。糸を80cmに切り、糸端30cm残して図のように編み、こちらは編み始めと編み終わりの糸を両方休ませておく。【図７】
❽⑦で休ませておいた花中(**い**)の編み始めに残した糸を図の位置に移動し、カニカンをつないで糸を始末する。編み終わりの糸は、図の位置まで移動する。【図８】
❾編み終わりの糸で花小を編み、花中と花大をつなぐ。糸を始末する。これで半分できた。【図９】
❿反対側も図のように編み、端にはアジャスターをつなぎ、糸を始末する。【全体図】
【リング】
❶ブレスレットの①～④と同様に花大を作る。中心の丸大ビーズは通さず、糸を始末する。
❷手芸用ゴム糸を50cmに切り、端15cm残して図のようにビーズを通す。①で作った花大のスーパーデュオ**A**を拾い、特小５個を通す。丸大を拾い、デリカを拾いながら編み戻る。【図10】
❸花大の反対側のスーパーデュオ**A**を拾い、編み始めに残した糸と出合わせて固結びする。【図11】
❹デリカを全部で12個通しながら編み戻し、玉留めしながら手芸用ゴム糸を始末する。もう片端も近くのビーズに数回通して、余分を切る。【図12】

【ブレスレット】

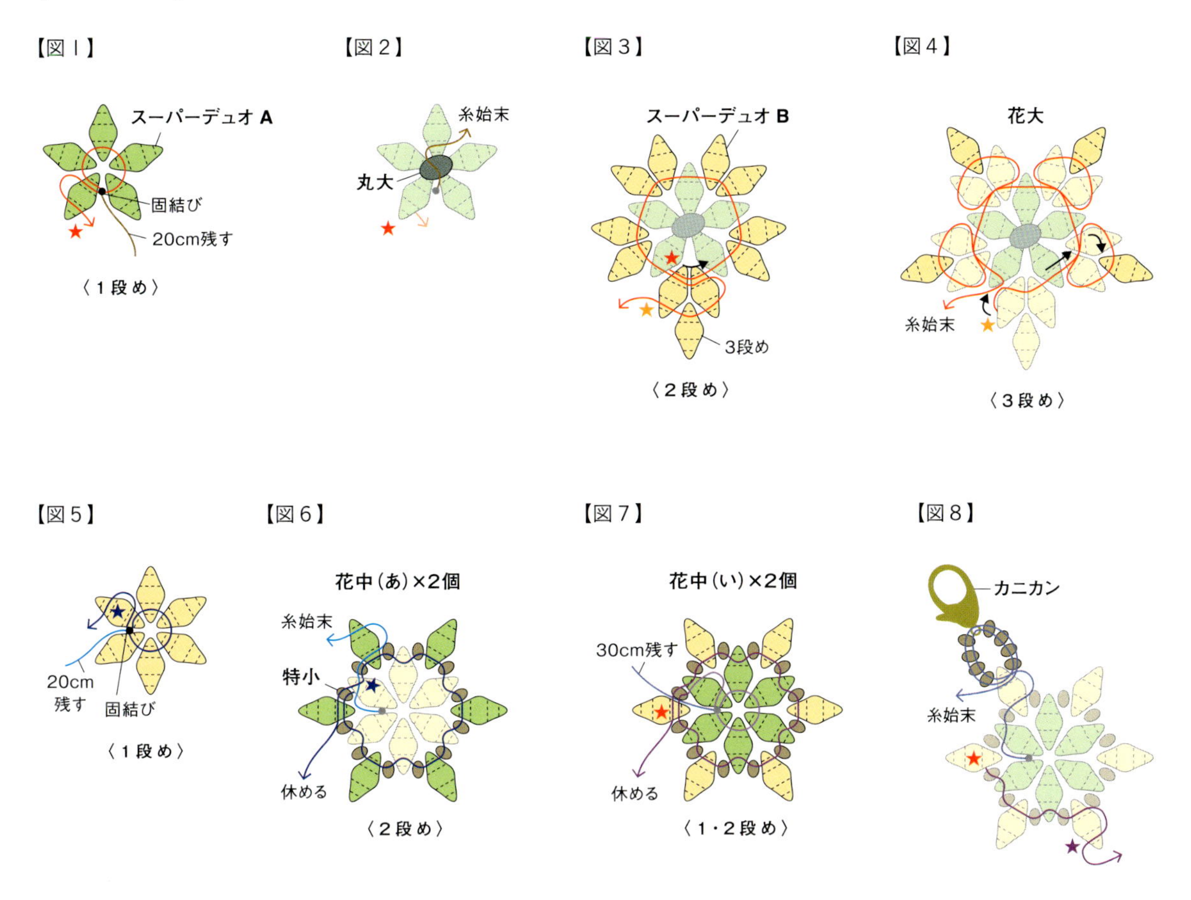

【図9】

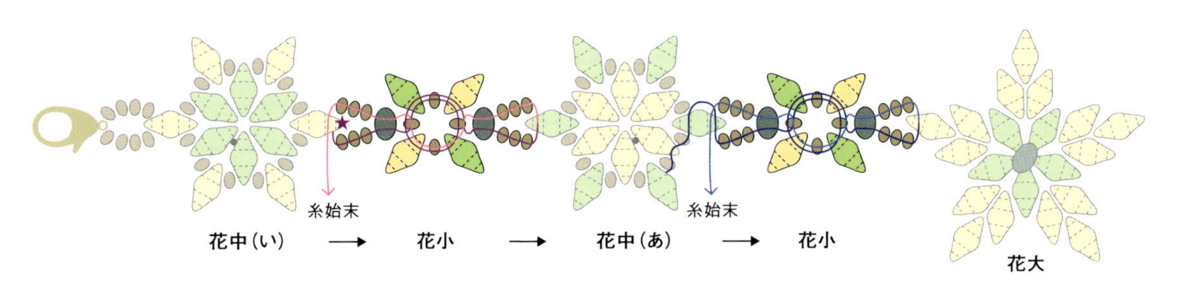

【全体図】

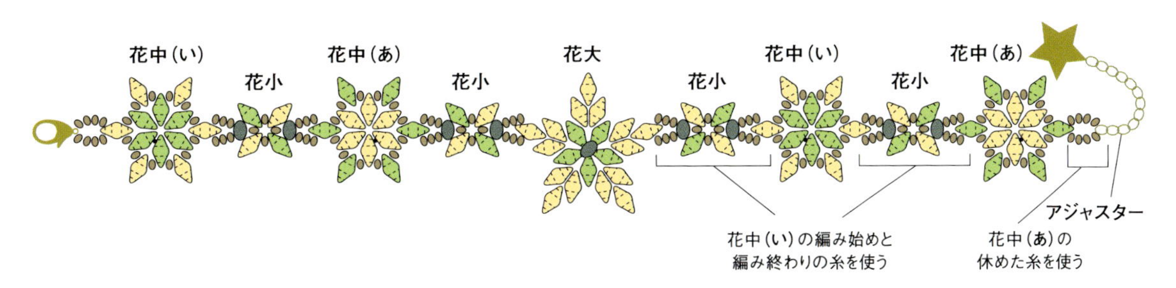

【リング】

【図10】

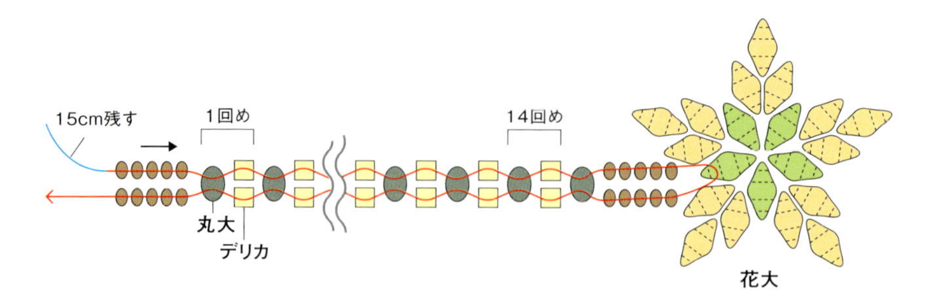

【図11】

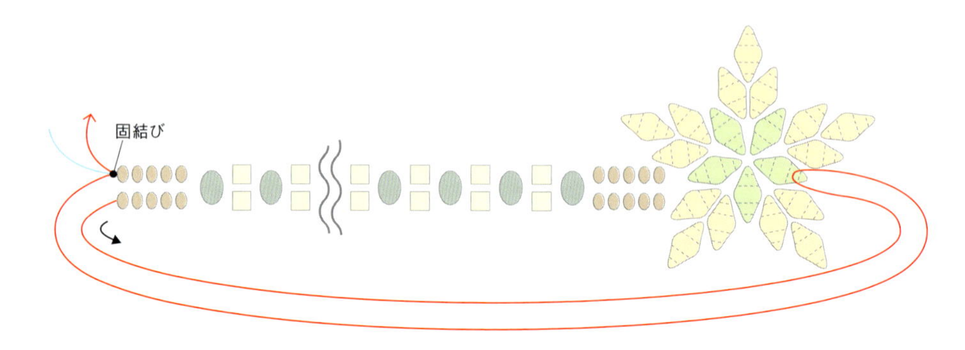

【図12】

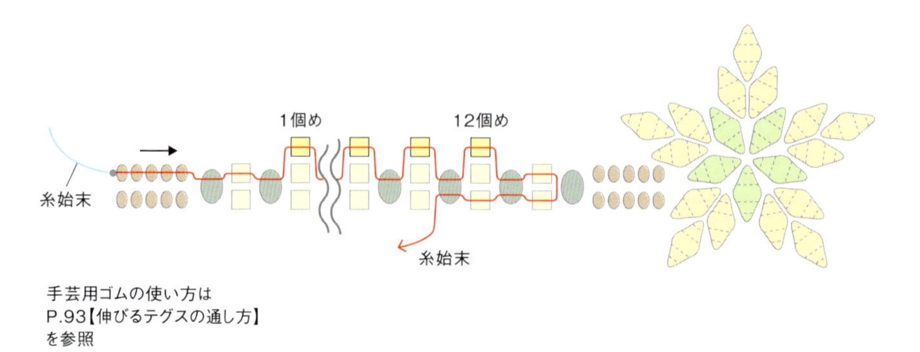

手芸用ゴムの使い方は
P.93【伸びるテグスの通し方】
を参照

p.11　11, 12, 13, 14

＊仕上がりサイズ
モチーフ約1.5cm、
長さ約3.8cm（ピアス金具をのぞく）

材料

11
特小ビーズ（中銀）【TH-R15-0502】……42個
スーパーウノビーズ（2.5×5mm・オペークターコイズ）
【CZ-SS255-6313】……36個
ボールチェーン（1.0mm・シルバー）【CMC-167M-OR】
……5cm
Vカップ（1.2mm・シルバー）【CM-CT12-SIL】……4個
丸カン（0.6×3mm・シルバー）【CM-O06M3SIL-1】
……2個
ピアス金具（シルバー）【CM-EH15SIL-B】……1組

12
特小ビーズ（中銀）【TH-R15-0502】……42個
スーパーウノビーズ（2.5×5mm・オペークイエロー）
【CZ-SS255-8312】……36個
ボールチェーン（1.0mm・シルバー）【CMC-167M-OR】
……5cm
Vカップ（1.2mm・シルバー）【CM-CT12-SIL】……4個
丸カン（0.6×3mm・シルバー）【CM-O06M3SIL-1】
……2個
ピアス金具（シルバー）【CM-EH15SIL-B】……1組

13
特小ビーズ（こげ金）【TH-R15-0521】……42個
スーパーウノビーズ（2.5×5mm・オペークオレンジ）
【CZ-SS255-9312】……36個
ボールチェーン（1.0mm・シルバー）【CMC-167M-OR】
……5cm
Vカップ（1.2mm・シルバー）【CM-CT12-SIL】……4個
丸カン（0.6×3mm・シルバー）【CM-O06M3SIL-1】
……2個
ピアス金具（シルバー）【CM-EH15SIL-B】……1組

14
特小ビーズ（こげ金）【TH-R15-0521】……42個
スーパーウノビーズ（2.5×5mm・オペークコバルト）
【CZ-SS255-3305】……36個
ボールチェーン（1.0mm・シルバー）【CMC-167M-OR】
……5cm
Vカップ（1.2mm・シルバー）【CM-CT12-SIL】……4個
丸カン（0.6×3mm・シルバー）【CM-O06M3SIL-1】
……2個
ピアス金具（シルバー）【CM-EH15SIL B】……1組

糸：ベージュ　針：10号
（材料提供：COSJWE　【　】内は商品番号）

作り方

❶ボールチェーンを2.5cmずつに2本切り、両端にそれぞれVカップをつける。【図1】
❷糸を70cmに切り、糸端20cm残す。スーパーウノを3個通し、もう1周拾い、編み始めに残した糸と固結びする。これが1段めとなる。最初に通したスーパーウノを拾って2段めに立ち上がる。【図2】
❸2段めはスーパーウノを1個通すごとに1段めを拾う。2段めの最初のスーパーウノを拾って3段めに立ち上がる。【図3】
❹3段めはスーパーウノ、特小、スーパーウノの3個を通すごとに2段めを拾う。最初に通したスーパーウノを拾って4段めに立ち上がる。【図4】
❺4段めはスーパーウノを1個通すごとに3段めを拾う。5段めは特小1個通すごとに4段めのスーパーウノを拾う。最初に通した特小を拾って6段めに立ち上がる。【図5】
❻6段めは特小を図のように通し、途中で①のボールチェーンにつないだVカップを通す。最後は糸を始末する。【図6】
❼丸カンでVカップとピアス金具をつなぐ。【全体図】

【図1】

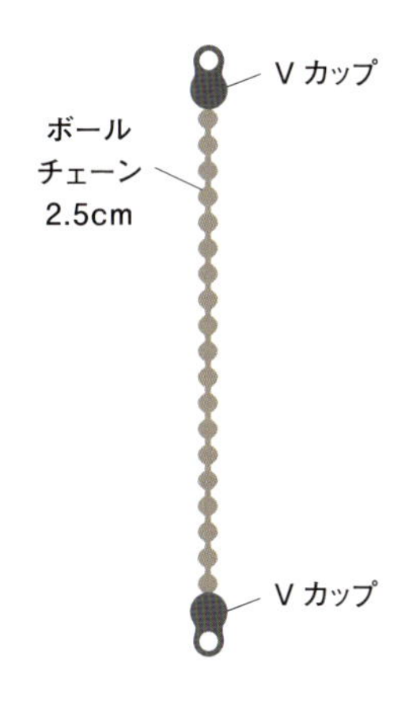

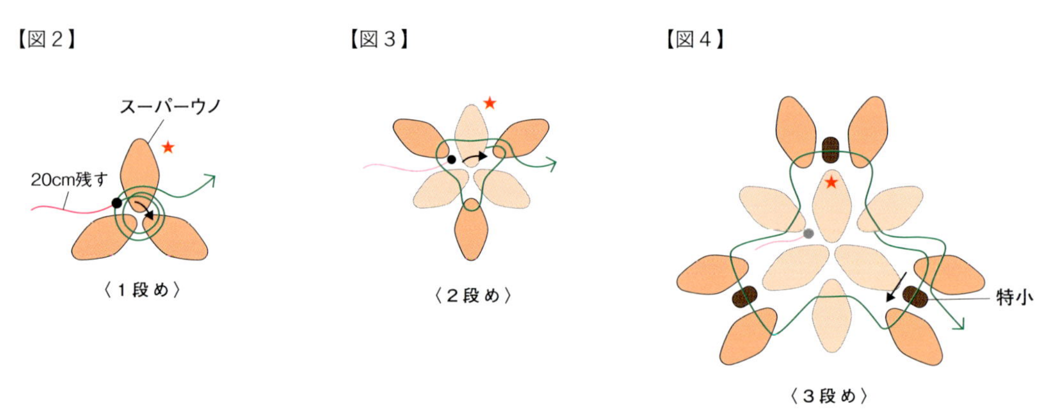
【図2】
スーパーウノ
20cm残す
〈1段め〉
【図3】
〈2段め〉
【図4】
特小
〈3段め〉

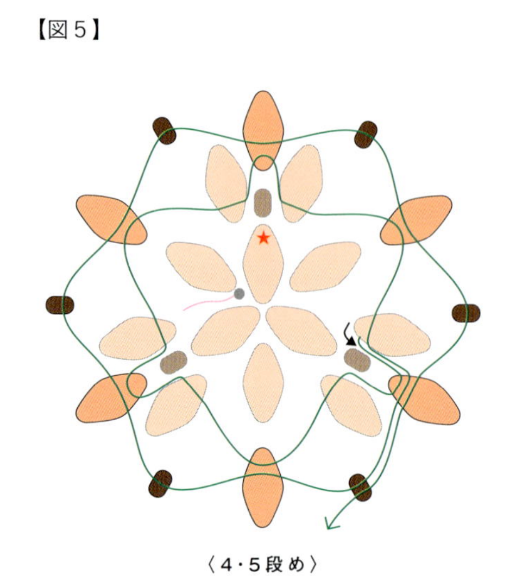
【図5】
〈4･5段め〉

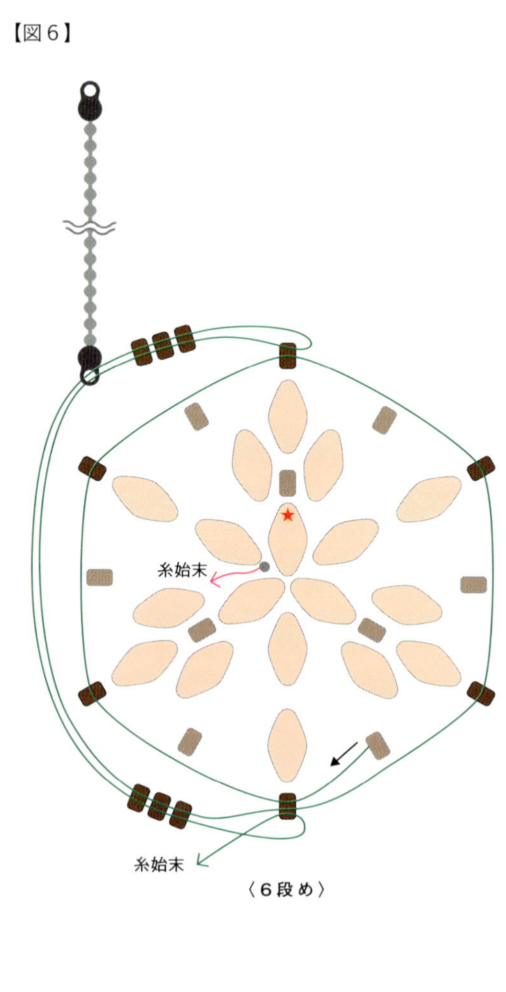
【図6】
糸始末
糸始末
〈6段め〉

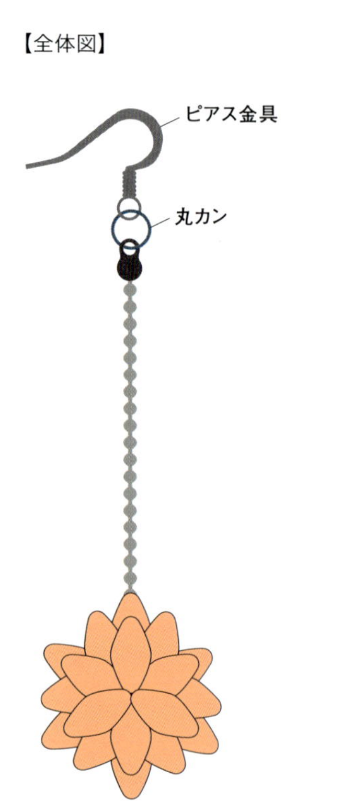
【全体図】
ピアス金具
丸カン

p.12　15,16

＊仕上がりサイズ
ネックレス長さ約43cm

材料

15

丸小ビーズ（着色オーロラ）【11-07-777S】……248個
丸大ビーズ（着色オーロラ）【11-07-777L】……88個
ガラスビーズ（ラウンド・３mm・ホワイト）【6-6103】……112個
ガラスビーズ（ラウンド・６mm・ホワイト）【6-6106】……63個
マンテル（シルバー）【72394-S】……１組

16

丸小ビーズ（ブロンズ スキ）【11-11-204S】……248個
丸大ビーズ（ブロンズ スキ）【11-11-204L】……88個
ガラスビーズ（ラウンド・３mm・ボルドー）【6-3903】……112個
ガラスビーズ（ラウンド・６mm・ボルドー）【6-3906】……63個
マンテル（金古美）【72394-GF】……１組

糸：15白　16赤　針：10号
（材料提供：ビーズ X-SENSE　【　】内は商品番号）

【図１】

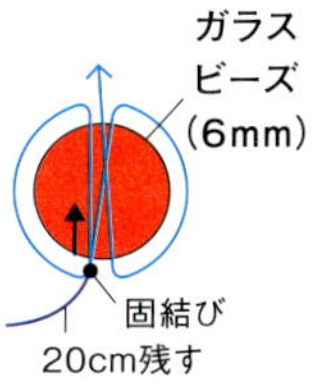

ガラスビーズ（6mm）
固結び
20cm残す

【図２】

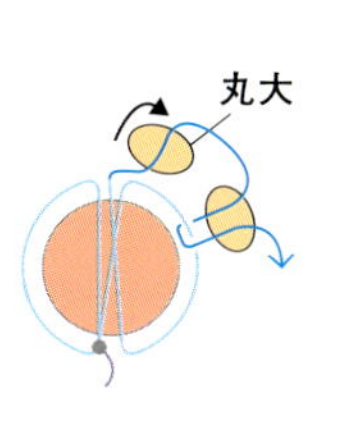

【図３】

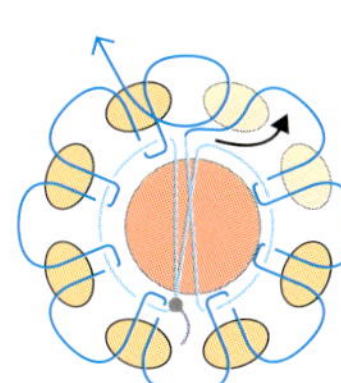

【図４】　【図５】

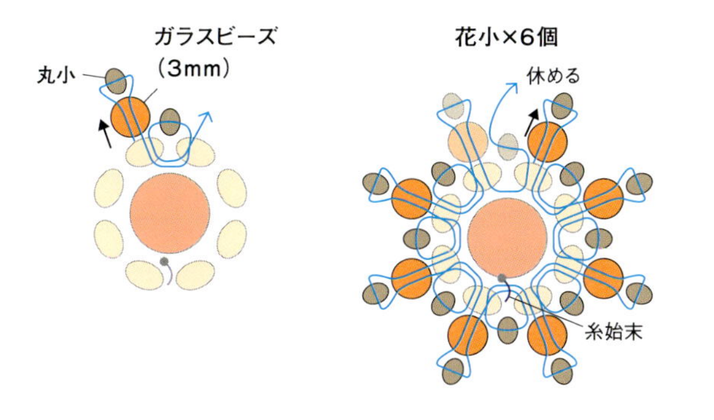

作り方

❶花小を作る。糸を80cmに切り、糸端20cm残してガラスビーズ６mmに糸を巻きつける。編み始めに残した糸と固結びし、もう一度ガラスビーズを拾う。【図１】
❷ガラスビーズに巻きつけた糸をすくいながら丸大を図のように通していく。【図２】
❸丸大を合計８個通したら、最初の丸大と最後の丸大を図のように拾う。【図３】
❹丸大を拾いながらガラスビーズ３mmと丸小を通す。【図４】
❺④を同様にくり返して１周編み、最後は丸小を拾い、編み終わりの糸は休ませておき、編み始めに残した糸を始末する。これで花小が完成。花小を合計６個作る。【図５】
❻花大を作る。糸を100cmに切り、糸端20cm残して①〜⑤までと同様に編み、続けて図のように編む。編み終わりの糸は休ませておき、編み始めに残した糸を始末する。これで花大が完成。花大を合計５個作る。【図６】
❼花小の編み終わりの糸に丸小３個を通し、花大の外側の丸小を拾い、編み戻って糸を始末する。【図７】
❽花大の編み終わりの糸に丸小３個を通し、花小の内側の丸小を拾い、編み戻って糸を始末する。【図８】
❾⑦、⑧と同様にして花大合計５個、花小合計６個をつなぐ。全体が弧を描くように、緩やかにカーブする。【図９】
❿糸を50cmに切り、糸端20cm残してストッパービーズをつけ、図のように編む。【図10】
⓫図のように端にマンテル（バー）をつなぎ、編み始めに残した糸からストッパービーズを外し、出合わせて固結びし、糸を始末する。【図11】
⓬反対側も⑩、⑪と同様にマンテル（リング）をつなぐ。【図12】

【図６】

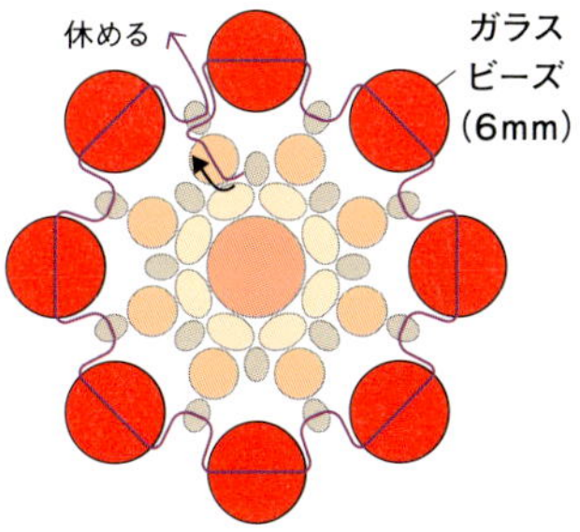

花大×５個
休める
ガラスビーズ（6mm）

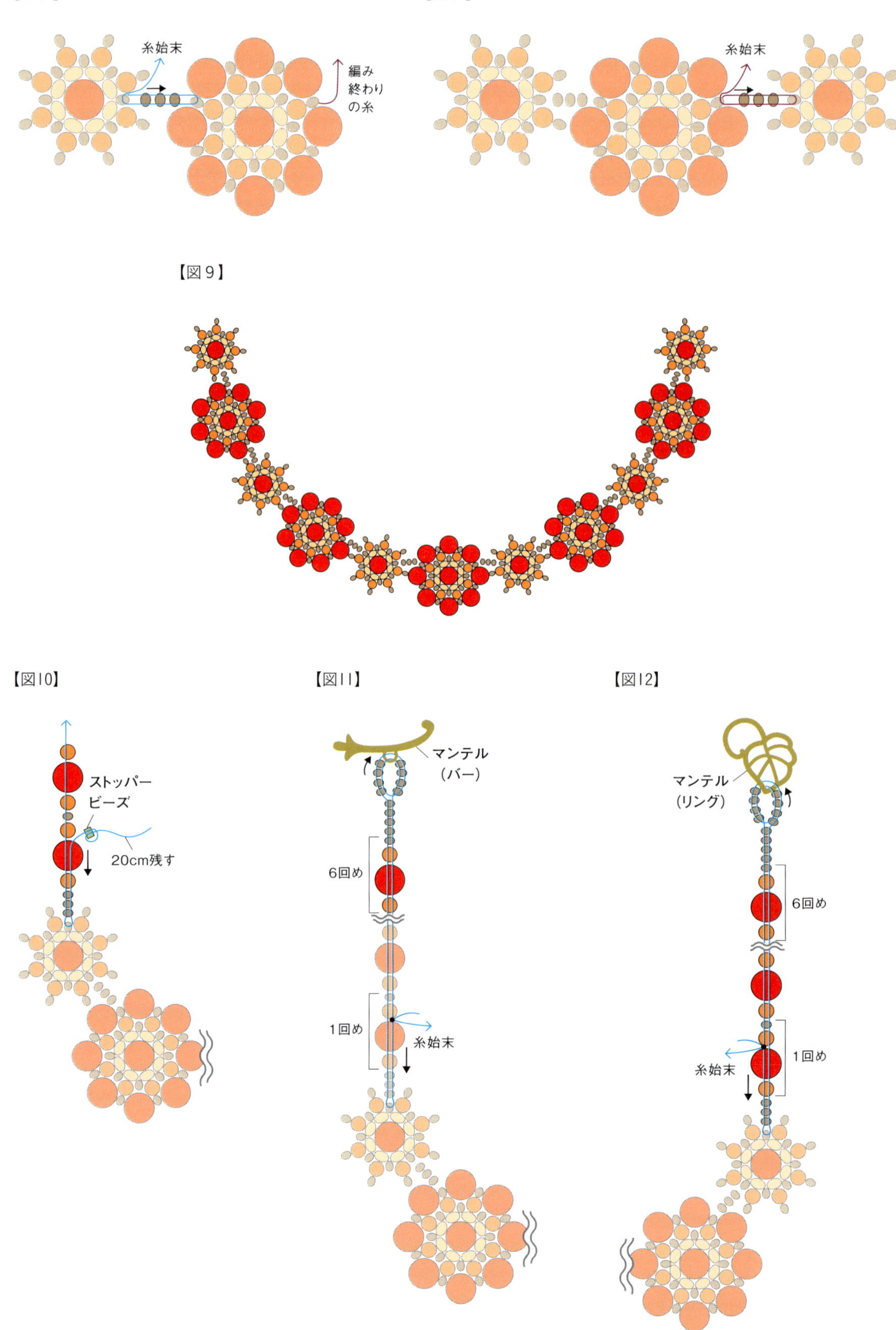
【図7】
糸始末
編み
終わり
の糸
【図8】
糸始末
【図9】
【図10】
ストッパー
ビーズ
20cm残す
【図11】
マンテル
（バー）
6回め
1回め
糸始末
【図12】
マンテル
（リング）
6回め
1回め
糸始末

p.13　17

＊仕上がりサイズ
ネックレス長さ約46.5cm

材料

17
丸小ビーズ（緑）【TH-R11-755】……135個
丸小ビーズ（ブロンズ）【TH-R11-0022】……35個
丸大ビーズ（紫）【TH-R8-26C】……５個
プレスビーズ（リーフ・10×８mm・オリビン）
【2-L1008-5023】……５個
プレスビーズ（ボタン/２ホール・８mm・ホワイト/ピスタチオ）【2-PG48-S840】……10個
丸カン（0.6×３mm・シルバー）【CM-O06M3SIL-1】……２個
カニカン（シルバー）【CM-LOB41-SIL】……１個
アジャスター（シルバー）【CM-CA50-SIL】……１個
チェーン（シルバー）【CMC-175-SIL】……約45cm

糸：モスグリーン　針：10号
（材料提供：COSJWE　【　】内は商品番号）

作り方

❶チェーンの図の位置５か所に、わかりやすい色の糸を結んで印をつけておく。【図１】
❷糸を240cmに切り、糸端120cm残してストッパービーズをつける。丸大ビーズを通し、印をつけたチェーンの中心のコマを拾う。【図２】
❸丸小ビーズ（緑）を通し、チェーンのすぐ上のコマを拾う。同じ要領でチェーンを拾っていく。【図３】
❹丸小（緑）合計30個を通したら丸大を通し、さらに丸小（緑）30個、丸大を通し糸を休ませる。【図４】
❺編み始めに残した糸を針に通し、反対側も③、④と同様に中心から編む。編み終えたら糸は休ませておく。印の糸をすべて外す。
❻④で休ませておいた糸を針に通し、図のように花と葉をつける。【図５】【図６】【図７】
❼丸小（緑）３個を通し、丸大を拾う。丸大の脇のチェーンを拾い、そのまま糸の通りに合わせて次の丸大までチェーンを拾いながら編み戻る。【図８】
❽丸大を拾い、⑥と同様に花と葉をつける。⑦と同様にチェーンを拾いながら編み戻り、中心にも花と葉をつける。糸は休ませておく。
❾⑤で休ませておいた糸を針に通し、反対側も⑥～⑧と同様に中心に向かって花と葉をつけながら編む。中心で糸を出合わせ、２本を固結びする。近くのビーズを数個拾って結び目をビーズの穴に隠し、糸を始末する。
❿チェーンの両端に丸カンでカニカン、アジャスターをつなぐ。【全体図】

【図１】

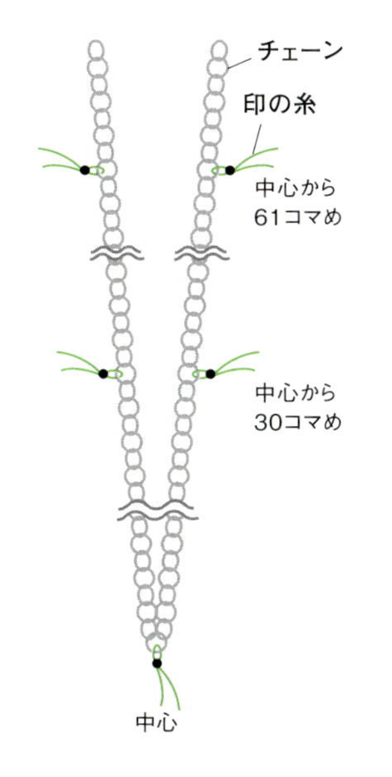

【図２】

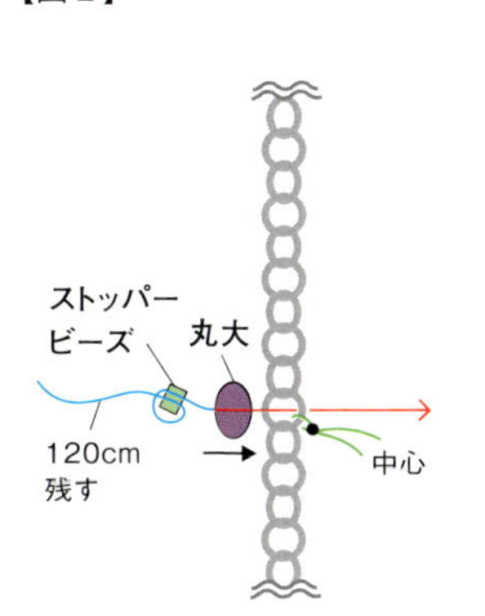

【図３】

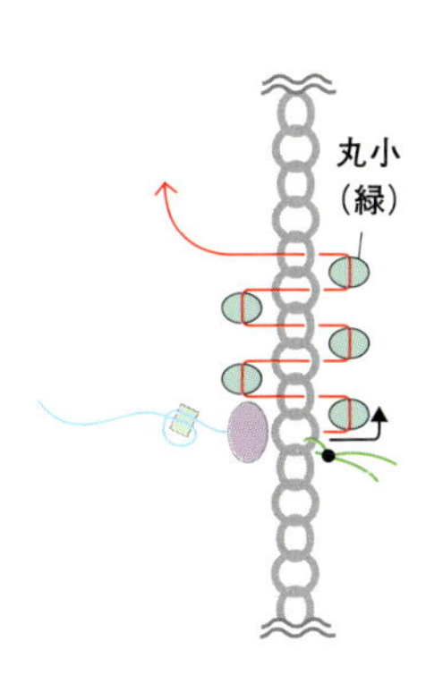

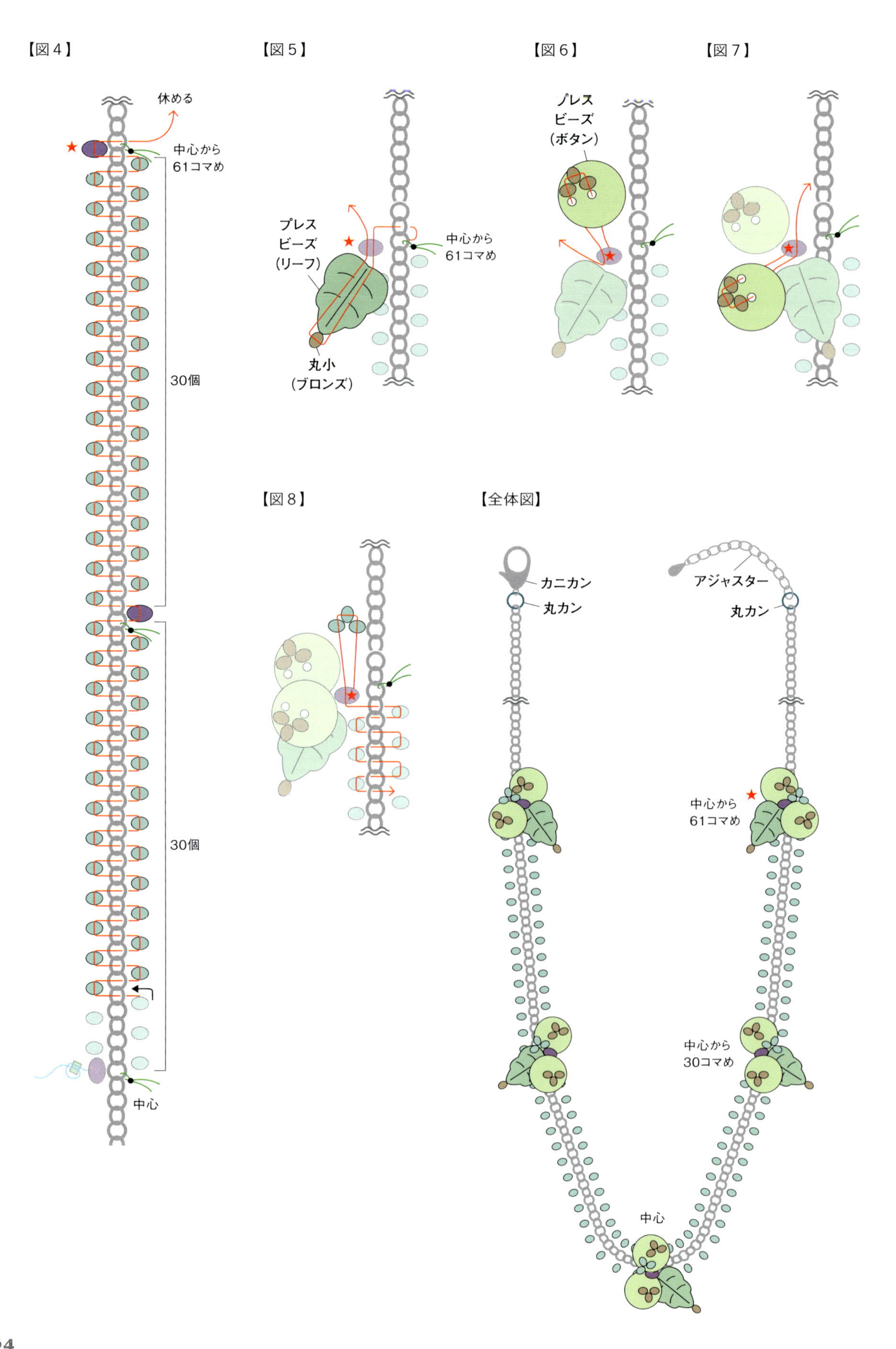
【図4】
休める
中心から
61コマめ
30個
30個
中心
【図5】
プレス
ビーズ
（リーフ）
中心から
61コマめ
丸小
（ブロンズ）
【図6】
プレス
ビーズ
（ボタン）
【図7】
【図8】
【全体図】
カニカン
丸カン
アジャスター
丸カン
中心から
61コマめ
中心から
30コマめ
中心

p.14,15　18,19,20,21

＊仕上がりサイズ
モチーフ直径約４cm

材 料

18
丸小ビーズ(アイリス)【TH-R11-0024】……67個
チェコシードビーズ(ツイン２ホール・2.5x４mm・メタリックライトゴールド)【CZ-SD255-171】……24個
プレスビーズ（ダガー・５x16mm・シャムルビーAB）【2-D0516AB-9008】……12個
プレスビーズ（リーフ・12x15mm・シャムルビー）【2-L1215-9008】……６個
本革四つ編みコード（2.8mm・レッド）【LS-3TW-RED】……45cm
ひも留め金具(３mm用・シルバー)【CM-3C7SIL-B】……２個
丸カン（0.7×４mm・シルバー）【CM-O07M4SIL-I】……２個
カニカン（シルバー）【CM-LOB39SIL-B】……１個
アジャスター（シルバー）【CM-CA50-SIL】……１個

19
丸小ビーズ（パープルアイリス）【TH-R11-0010】……67個
チェコシードビーズ（ツイン２ホール・2.5x４mm・メタリックライトゴールド）【CZ-SD255-171】……24個
プレスビーズ（ダガー・５x16mm・オペークコーラルイエロー アイリス）【2-D0516-M8404】……12個
プレスビーズ（リーフ・12x15mm・イエロー）【2-L1215-8002】……６個
本革四つ編みコード（2.8mm・インディゴ）【LS-3TW-NAVY】……45cm
ひも留め金具(３mm用・シルバー)【CM-3C7SIL-B】……２個
丸カン（0.7×４mm・シルバー）【CM-O07M4SIL-I】……２個
カニカン（シルバー）【CM-LOB39SIL-B】……１個
アジャスター（シルバー）【CM-CA50-SIL】……１個

糸：ベージュ　針：10号
（材料提供：COSJWE　【　】内は商品番号）

20
丸小ビーズ（中銀）【TH-R11-0003】……67個
チェコシードビーズ（ツイン２ホール・2.5x４mm・コバルト）【CZ-SD255-B3010】……24個
プレスビーズ（ダガー・５x16mm・チョークホワイト）【2-D0516-0300】……12個
プレスビーズ（リーフ・12x15mm・２トーンジェット/グリーン）【2-L1215ii-57109】……６個
本革四つ編みコード（2.8mm・ホワイト）【LS-3TW-WHE】……45cm
ひも留め金具(３mm用・シルバー)【CM-3C7SIL-B】……２個
丸カン（0.7×４mm・シルバー）【CM-O07M4SIL-I】……２個
カニカン（シルバー）【CM-LOB39SIL-B】……１個
アジャスター（シルバー）【CM-CA50-SIL】……１個

21
丸小ビーズ（茶）【TH-R11-0087】……67個
チェコシードビーズ（ツイン2ホール・2.5x４mm・ターコイズピカソ）【CZ-SD255Pi-0300】……24個
プレスビーズ（ダガー・５x16mm・クリスタルヴィトラル）【2-D0516VT-0003】……12個
プレスビーズ（リーフ・12x15mm・オリビン）【2-L1215-5023】……６個
本革四つ編みコード（2.8mm・ホワイト）【LS-3TW-WHE】……45cm
ひも留め金具(３mm用・シルバー)【CM-3C7SIL-B】……２個
丸カン（0.7×４mm・シルバー）【CM-O07M4SIL-I】……２個
カニカン（シルバー）【CM-LOB39SIL-B】……１個
アジャスター（シルバー）【CM-CA50-SIL】……１個

◉ 作り方

❶フラワーを作る。糸を120cmに切り、糸端20cm残す。チェコシードビーズを6個通し、もう1周拾い、編み始めに残した糸と固結びする。これが1段めとなる。最初に通したチェコシードビーズを拾って2段めに立ち上がる。【図1】
❷2段め、3段め、4段めはビーズを通して前の段を拾いながら編む。3段めと4段めのプレスビーズ（ダガー）は表に向ける色が変わるので注意。【図2】【図3】【図4】
❸編み地を裏返す。5段め、6段め、7段め、8段めもビーズを通して前の段を拾いながら編む。6段めはリーフをすべて同じ向きにそろえる。【図5】【図6】【図7】
❹9段めは前の段のチェコシードのもう片方の穴を1周拾い、糸を始末する。【図8】
❺モチーフに丸小ビーズのループをつける。糸を50cmに切り、糸端20cm残してモチーフの裏側の丸小を拾う。丸小13個を通してループを作り、編み始めに残した糸端と出合わせて固結びし、糸を始末する。【図9】
❻ループに本革四つ編みコードを通す。本革四つ編みコードの両端にひも留め金具をつけ、丸カンでカニカン、アジャスターをつなぐ。【全体図】

【図1】

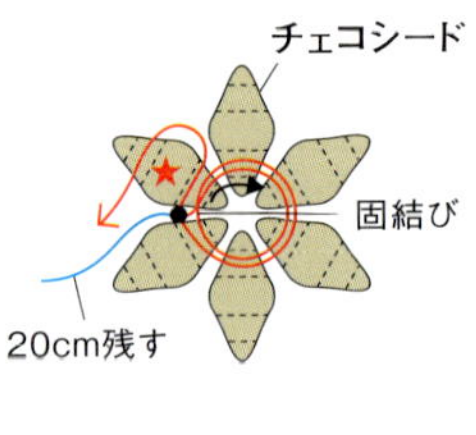

チェコシード
固結び
20cm残す

〈1段め〉

【図2】

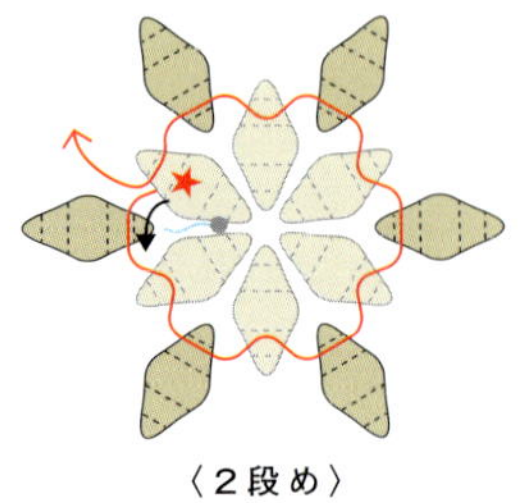

〈2段め〉

【図3】

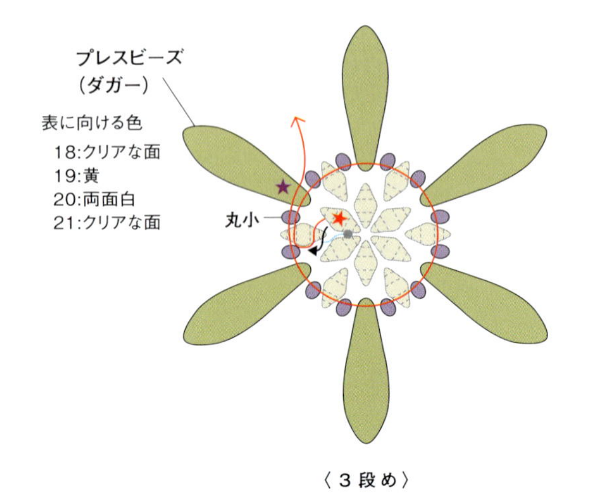

〈3段め〉

【図4】

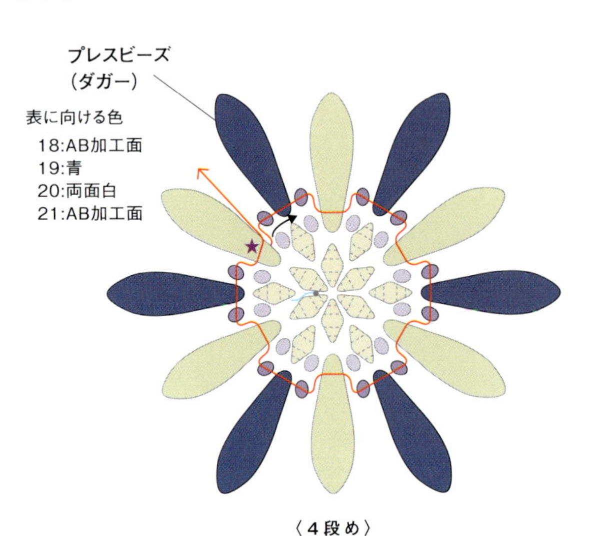

〈4段め〉

【図5】

〈裏〉

〈5段め〉

【図6】

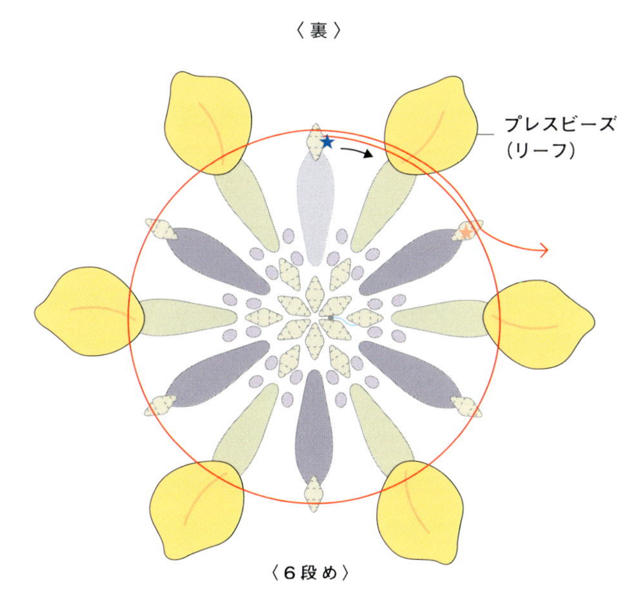

【図7】

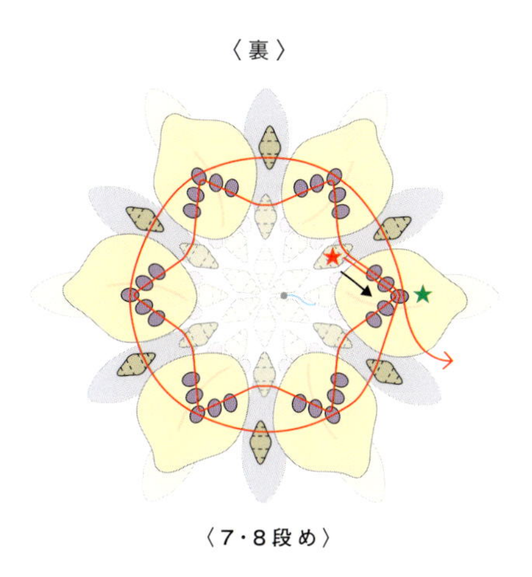

【図8】

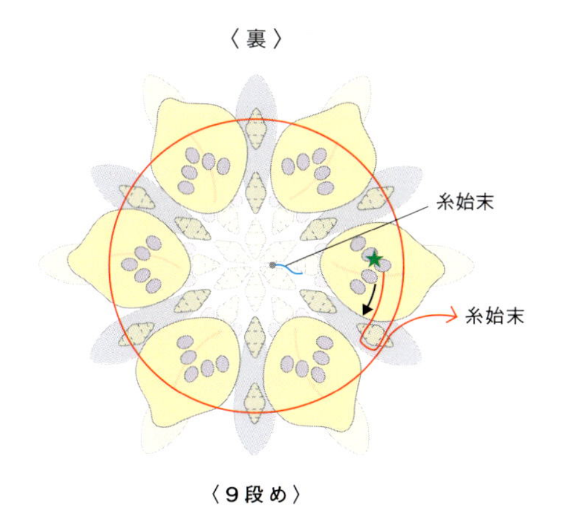

【図9】

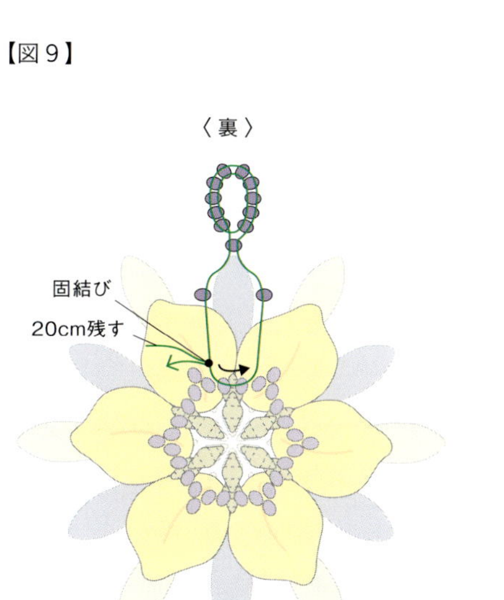

【全体図】

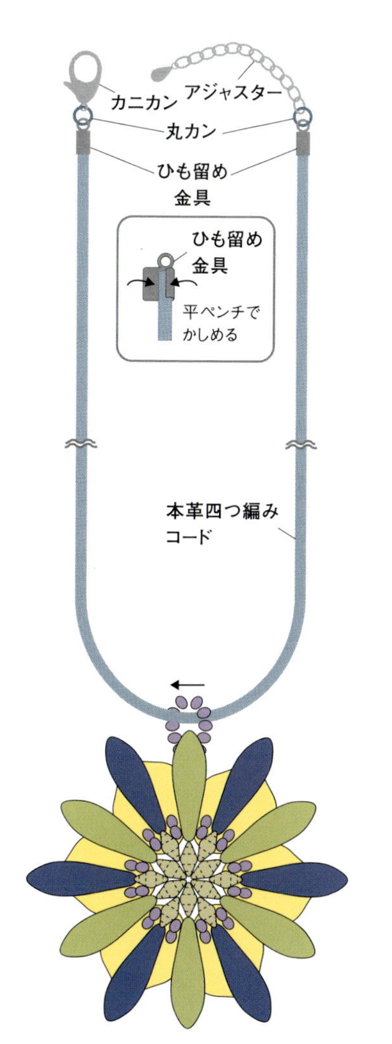

p.16　22,23

＊仕上がりサイズ
ネックレス長さ約68cm
ピアス長さ約4.5cm（ピアス金具をのぞく）

材料

22

丸小ビーズ（ツヤ消 こげ金焼付）【#2006/H2843】……154個
デリカビーズ（黄緑）【DB263】……108個
デリカビーズ（緑）【DB163】……26個
デリカビーズ（濃緑）【DB859】……79個
トライアングルビーズ（2.5mm・ツヤ消 ブロンズグリーン）【TR2008/H5634】……74個
ツイストビーズ（2×12mm・ツヤ消 ブロンズグリーン）【TW2006】……38個
チェコファイアポリッシュ（8mm・ピカソコーティンググリーン）【K834/484】……1個

23

デリカビーズ（黄緑）【DB263】……42個
デリカビーズ（緑）【DB163】……42個
デリカビーズ（濃緑）【DB859】……42個
ドロップビーズ（3.4mm・ライトアメジスト銀引）【DP12】……2個
メタルパーツ（Menoniリンク コネクター・11mm・アンティークゴールド）【S50/49】……2個
丸カン（丸リング・0.5×4mm・シルバー）【K4649/S】……10個
チェーン（シルバー）【K1504/S】……10cm
ピアス金具（シルバー）【K2540】……1組

糸：モスグリーン　針：10号
（材料提供：株式会社MIYUKI／ビーズファクトリー
【　】内は商品番号）

作り方

【ネックレス】
❶糸を330cmに切り、糸端180cm残してストッパービーズをつける。デリカビーズ（黄緑）を図のように8個通す。【図1】
❷デリカビーズ（黄緑）・トライアングルビーズ・デリカビーズ（緑）を通しながら図のように編む。【図2】【図3】【図4】【図5】
❸図4、図5をあと11回くり返して合計13段編み、糸を休ませておく。【図6】
❹編み始めに残した糸からストッパービーズを外して針に通し、図のように編む。【図6】
❺編み地を裏返し、②、③と同様にくり返して合計13段編む。【図7】
❻図のようにリーフの凹み部分のトライアングルビーズを通す。【図7】
❼デリカ（濃緑）を通しながら★まで編んだら本体のビーズを拾い糸を休ませる。⑤で休ませておいた糸を針に通し、反対側も図のように★まで編んだら糸を休ませておく。【図8】
❽ハートの形になったら、図のように葉脈をつけ、⑦で休ませておいた糸と固結びし、糸を始末する。ペンダントトップの完成。【図9】
❾ネックレス部分を作る。糸を200cmに切り、糸端20cm残して図のようにビーズを通し、途中でペンダントトップのトライアングルビーズを拾いながら編む。補強のためネックレス部分をもう1周拾い、編み始めに残した糸端と固結びをし、糸を始末する。【図10】

【ネックレス】

【図1】
デリカ（黄緑）
180cm残す
ストッパービーズ
これ以降、ストッパービーズは省略しています

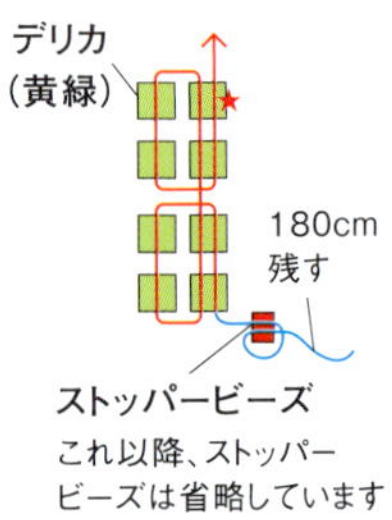

【図2】

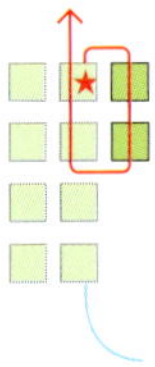

【図3】
デリカ（緑）
トライアングルビーズ

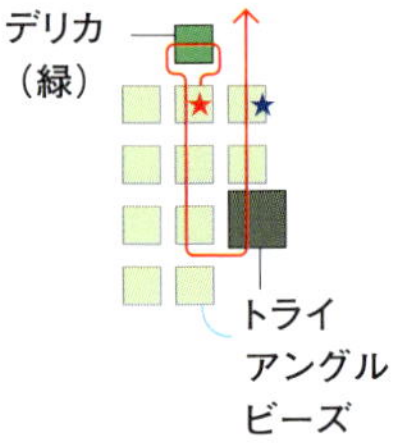

【図4】
1段め

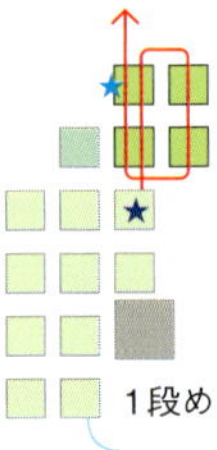

【図5】
2段め

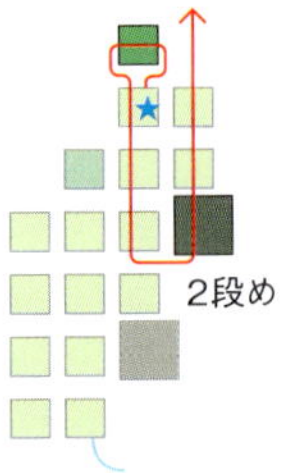

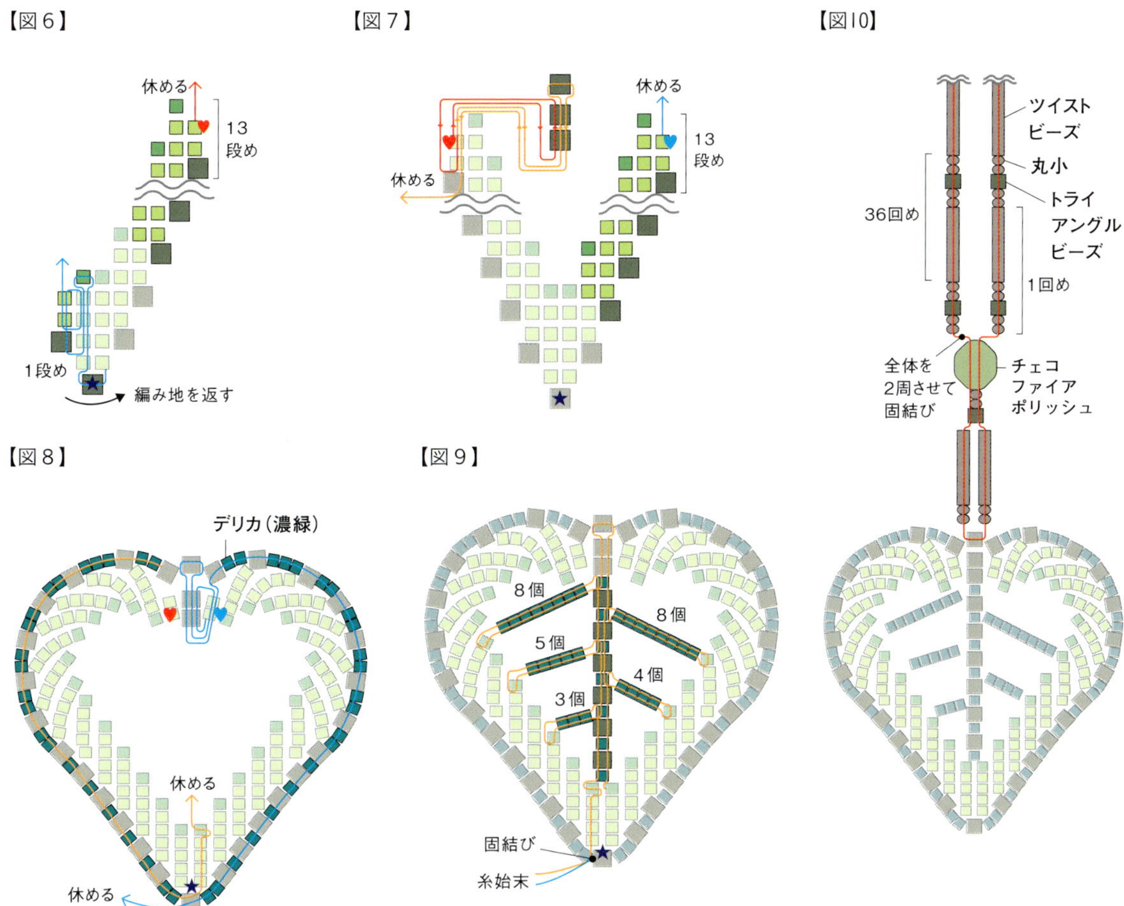

作り方

【ピアス】

❶チェーンを1コマずつに切ったものを6個と14コマに切ったものを2本用意する。

❷糸を60cmに切り、糸端20cm残してストッパービーズをつける。デリカビーズ（黄緑）2個を図のように通す。これが1段めとなる。【図1】

❸編み地の天地を逆にしてデリカ（黄緑）を通しながら糸をすくい、1目増し目のブリックステッチを編む。3段めも3目で編む。【図2】【図3】

❹6段編んだらデリカ（黄緑）を3個通し、編み地を拾い1周する。デリカの2個めを拾い、チェーンの1コマとつなぐ。糸を2周したら糸を始末する。ストッパービーズを外して、編み始めに残した糸で先端にデリカ（黄緑）1個を通し、糸を始末する。リーフが1個できた。デリカの色を変えて3種類のリーフを2個ずつ編む。【図4】

❺メタルパーツの切れ目に、ドロップビーズを通したパーツを作る。図のように丸カンで全体をつなぐ。【図5】

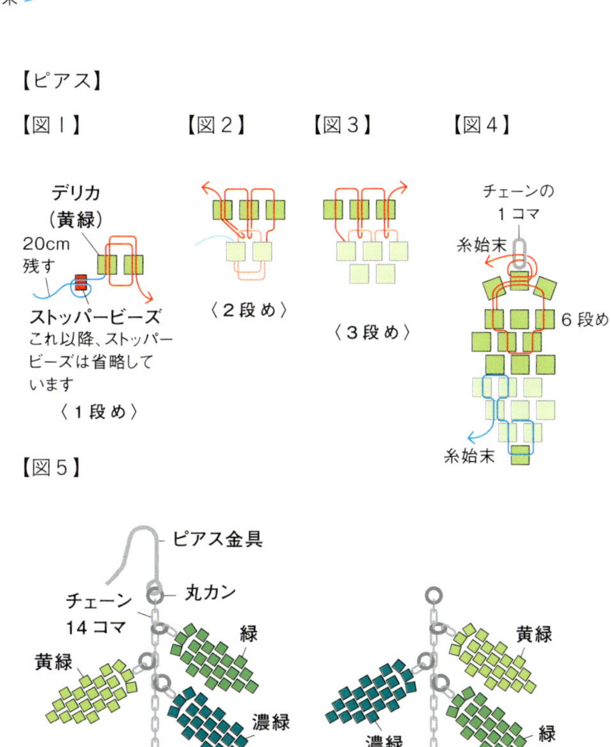

p.16　24,25

＊仕上がりサイズ
約4.5×5cm

材料

24

丸小ビーズ（ピカソコーティング黄緑）【#4515/H6982】
……39個
丸小ビーズ（緑）【#2539】……242個
ベリービーズ（3.3x5.5mm・クリスタルAB中染黄色）
【BB273/H6395】……12個
ベリービーズ（2.5x4.5mm・ツヤ消 ブロンズグリーンAB）
【BB2008/H6854】……8個
デリカビーズ（黄）【DB2032】……364個
透かしブローチ金具（26x34mm・ゴールド）……1個

25

丸小ビーズ（緑）【#2539】……281個
ベリービーズ（3.3x5.5mm・クリスタルAB中染黄色）
【BB273/H6395】……12個
ベリービーズ（2.5x4.5mm・ツヤ消 ブロンズグリーンAB）
【BB2008/H6854】……8個
デリカビーズ（紫）【DB1810】……364個
透かしブローチ金具（26x34mm・ゴールド）……1個

糸：24黄、25白　針：12号
（材料提供：株式会社MIYUKI／ビーズファクトリー
【　】内は商品番号）
＊透かしブローチ金具は作家私物

【図1】

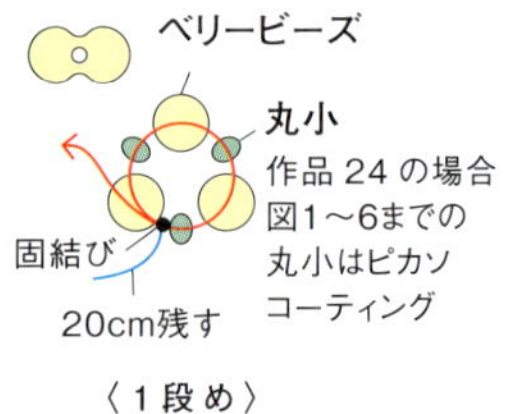

〈1段め〉

【図2】

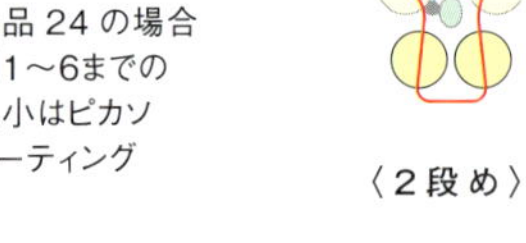

〈2段め〉

【図3】

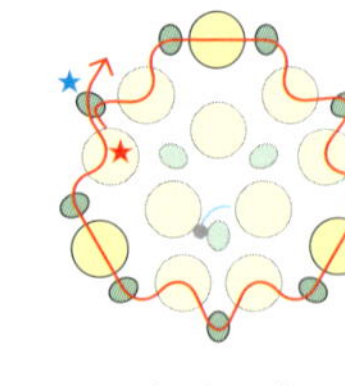

〈3段め〉

【図4】

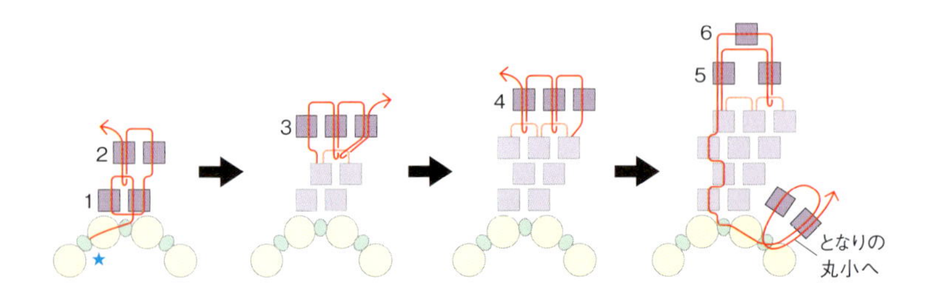

作り方

❶花を編む。糸を200cmに切り、糸端20cm残してベリービーズ（黄）と丸小ビーズを交互に3個通して輪にし、固結びする。これが1段めとなる。【図1】
❷2段め、3段めも前の段のビーズを拾いながら編む。【図2】【図3】
❸丸小にデリカビーズ2個を編み、そこからブリックステッチ6段の花びらを編む。続けて合計9枚編む。【図4】【図5】
❹③の花びらの外側にくるように、丸小の間に新たな丸小3個を通しながら1周する。デリカ2個を編み、そこから③と同じ要領でブリックステッチ8段の花びらを編む。続けて合計13枚編む。【図6】【図7】【図8】
❺糸を120cmに切り、糸端60cm残して丸小、ベリービーズ（ブロンズグリーン）で7段の葉大を編む。5段めまでは中央の飾りとなるパーツをベリービーズで編み、6・7段めは丸小で編む。【図9】【図10】【図11】【図12】【図13】【図14】
❻右側の編み終わりの糸で、丸小を通しながら葉の中央になる飾りビーズを拾い、糸を始末する。左側の編み終わりの糸も同様に、中央の飾りを拾い、糸を始末する。【図14】【図15】
❼糸を100cmに切り、糸端50cm残して丸小、ベリービーズ（ブロンズグリーン）で5段の葉小を編む。葉大と同様に編むが、3段めまでは中央の飾りはベリービーズで、残りの2段は丸小で編み、糸を始末する。【図16】
❽糸を60cmに切り、透かしブローチ金具に糸を結ぶ。葉大、葉小、花の順で留めけ、糸を始末する。【図17】

【図5】

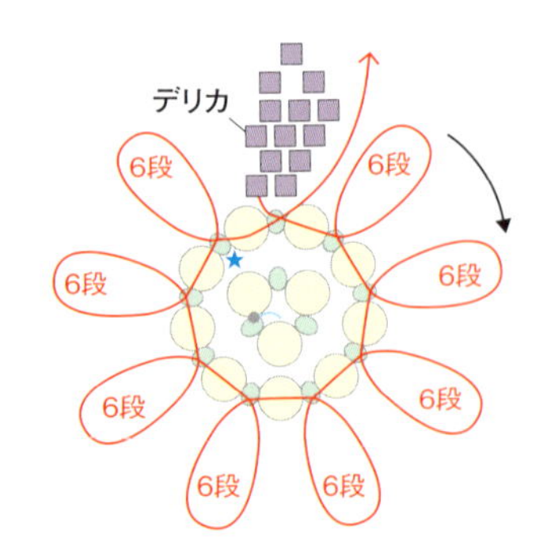

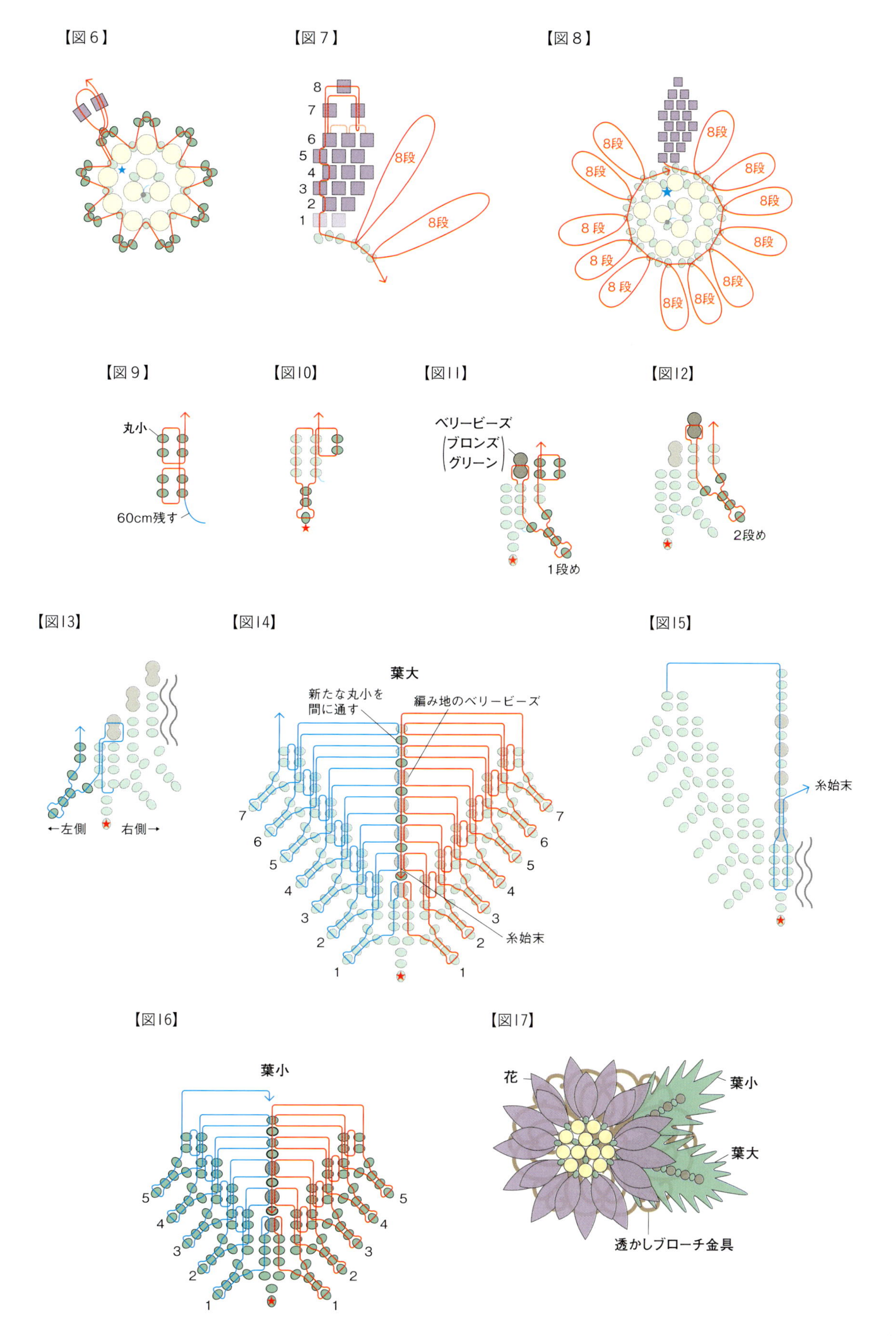
【図6】
【図7】
8
7
6
5
4
3
2
1
8段
8段
【図8】
8段
8段
8段
8段
8段
8段
8段
8段
8段
8段
8段
8段
【図9】
丸小
60cm残す
【図10】
【図11】
ベリービーズ
(ブロンズグリーン)
1段め
【図12】
2段め
【図13】
←左側
右側→
【図14】
葉大
新たな丸小を間に通す
編み地のベリービーズ
糸始末
7
6
5
4
3
2
1
【図15】
糸始末
【図16】
葉小
5
4
3
2
1
【図17】
花
葉小
葉大
透かしブローチ金具

p.17　26,27

＊仕上がりサイズ
26 長さ約66cm
27 長さ約70cm

材料

26

丸小ビーズ（ボヘミアンビーズ・モスアラバスター）
【CB-02162】……630個
チェコシードビーズ**A**（ファルファーレ・3.2×6.5mm・ホワイトシルバーメタリック）【CX-18503】……66個
チェコシードビーズ**B**（ファルファーレ・3.2×6.5mm・アイボリー）【CX-46112】……61個
カニカン・アジャスター（シルバー）……1セット

27

丸小ビーズ（takumiLH・緑）【TH-LH11-1070】……630個
チェコシードビーズ**A**（バタフライ・3.2×6.5mm・ミルキーアプリコット）【CZ-BUF3265-02191】……68個
チェコシードビーズ**B**（バタフライ・3.2×6.5mm・ミルキーグレー）【CZ-BUF3265-02141】……59個
カニカン（シルバー）【CM-LOB39SIL-B】……1個
アジャスター（シルバー）【CM-CA50-SIL】……1個

糸：26ベージュ　27グレー　針：10号
（材料提供：26パーツクラブ、27COSJWE　【　】内は商品番号）

作り方

❶糸を400cmに切り、糸端180cm残して、ストッパービーズをつける。スタートの位置から編む。図のようにデイジーの花、丸小6個、葉、丸小6個を1パターンとして4回編み、デイジーを1個編む。【図1】
❷丸小14個通し、チェコシードビーズの飾りをつけた実を1個を編む。【図2】【図3】
❸続けて、デイジーと葉と実を図のように編む。【図4】
❹図4のパターンを色を変えてもう一度くり返す。実の色は全体図を参照。
❺図のように実を編み、カニカンをつないで糸を始末する。【図4】
❻ストッパービーズを外して反対側も図4、図5を参照して同様に作り、アジャスターをつないで糸を始末する。【全体図】

【図1】

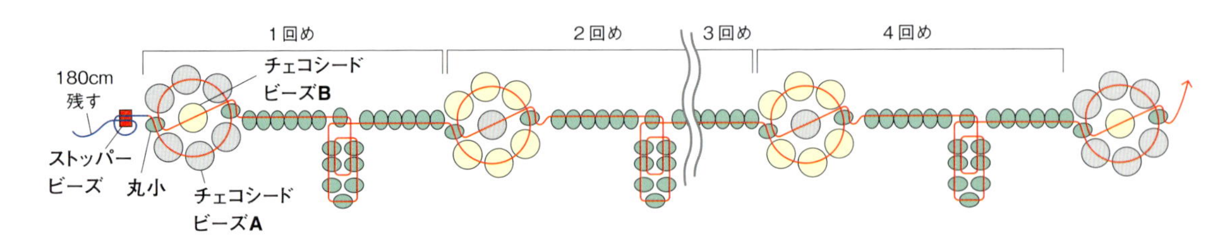

【図2】

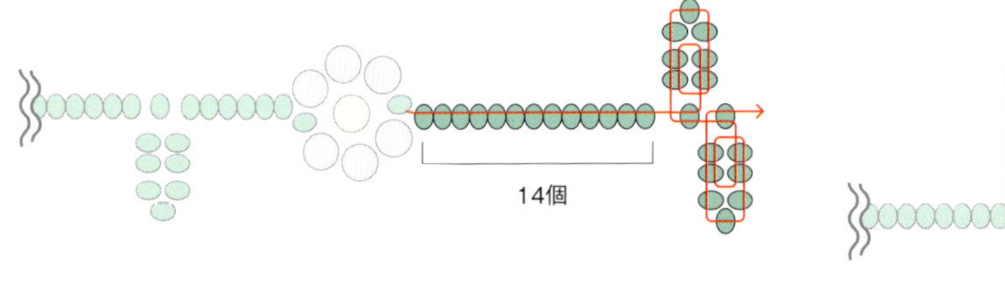

【図3】

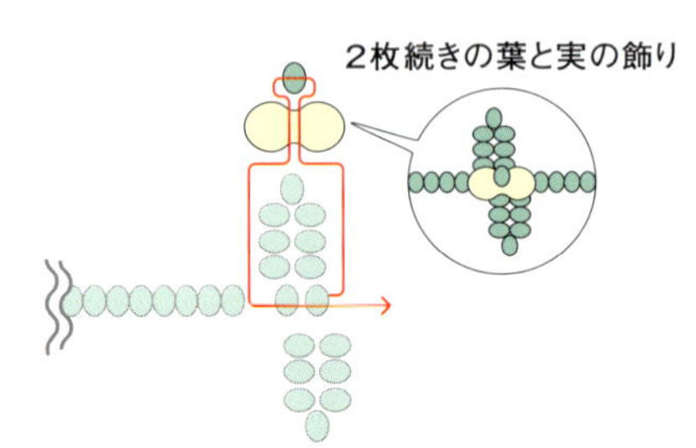

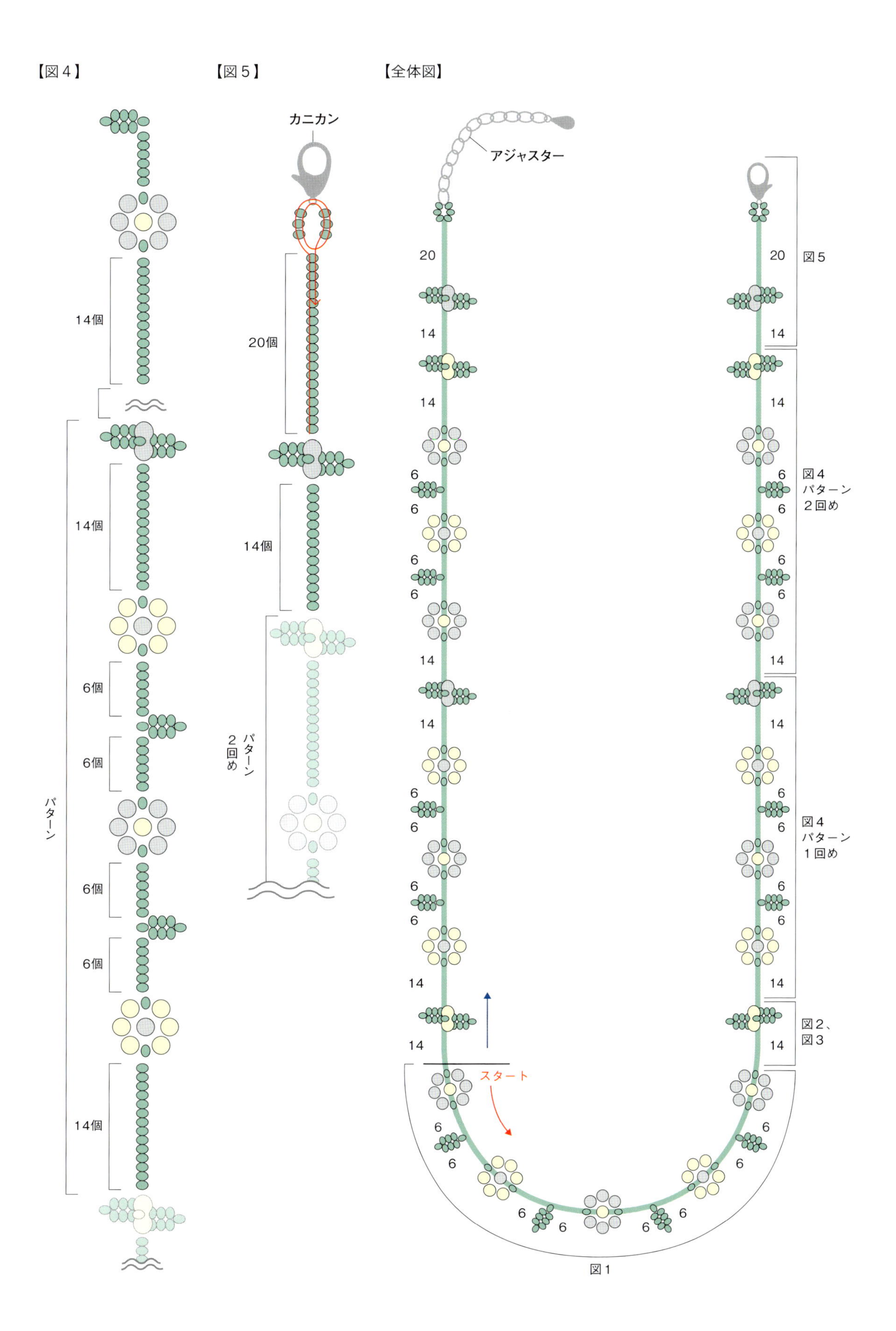
【図4】
14個
14個
6個
6個
パターン
6個
6個
14個
【図5】
カニカン
20個
14個
パターン2回め
【全体図】
アジャスター
20
14
14
6
6
6
6
14
14
6
6
6
6
14
14
スタート
6
6
6
6
6
6
6
6
20
14
図5
14
6
6
6
6
14
図4
パターン
2回め
14
6
6
6
6
14
図4
パターン
1回め
14
図2、
図3
図1

p.18　28,29

＊仕上がりサイズ
ロングネックレス長さ約120cm
ショートネックレス長さ約50cm

材料

28

丸小ビーズ（アイボリー）【01086】……558個
ガラスビーズ（ラウンド・4mm・アイリスグリーン）【6-4704】……18個
ガラスビーズ（ラウンド・6mm・アイリスグリーン）【6-4706】……33個
チェコビーズ（デザインオーバル・10×9mm・グレー）【22024】……6個
チェコビーズ（デザインオーバル・10×9mm・アイボリー）【22025】……6個
チェコビーズ（ピップ・7×5mm・オーツアラバスター）【22175】……48個
チェコビーズ（ロングバイコーン・20×6.2mm・オペークアイボリーラスター）【22193】……9個
アクリルシャネルストーン（マーキス・7×15mm・クリスタル/ゴールド）【64681-G】……6個

29

丸小ビーズ（アイボリー）【01086】……236個
ガラスビーズ（ラウンド・4mm・アイリスグリーン）【6-4704】……22個
ガラスビーズ（ラウンド・6mm・アイリスグリーン）【6-4706】……8個
チェコビーズ（デザインオーバル・10×9mm・グレー）【22024】……4個
チェコビーズ（デザインオーバル・10×9mm・アイボリー）【22025】……4個
チェコビーズ（ピップ・7×5mm・オーツアラバスター）【22175】……18個
アクリルシャネルストーン（マーキス・5×10mm・クリスタル/ゴールド）【64680-G】……7個
マンテル（ゴールド）【72389-G】……1組

糸：ベージュ　針：10号
（材料提供：ビーズ X-SENSE　【　】内は商品番号）

作り方

【ロングネックレス】
❶糸を140cmに切り、糸端20cm残してストッパービーズをつける。ビーズを図のように通し、チェコビーズ（ピップ）と丸小ビーズで輪を作る。【図1】
❷①のピップの輪の中心に、ガラスビーズ6mmをつける。【図2】
❸途中、デイジーの花を編みながら図のようにビーズを通す。編み始めに残した糸のところまで編み戻し、ストッパービーズを外して固結びして糸を始末する。これがパーツ**A**となる。【図3】
❹糸を160cmに切り、糸端20cm残してストッパービーズをつける。ビーズを図のように通し、パーツ**A**の最後のアクリルシャネルストーンを拾い、パーツ**B**を編む。【図4】
❺パーツ**A**・**B**を交互に3回ずつ編み、最後のパーツ**B**は最初のパーツ**A**のアクリルシャネルストーンを拾い、全体をつなぎ、糸を始末する。【全体図】

【ショートネックレス】
ロングネックレスを参照し、シャネルストーンを挟みながら全体を編む。各パーツは糸を**A**60cm、**B**80cm、**C**120cm、**D**140cm、**E**120cm、**F**80cm、**G**60cm、**H**60cmに切り、糸端20cm残してストッパービーズをつけて編み進める。両端にはマンテルをつなぐ。【図5】

【図1】
アクリル
シャネル
ストーン
丸小7個
デザイン
オーバル
(アイボリー)
20cm
残す
ピップ
ストッパー
ビーズ
これ以降、ストッパー
ビーズは省略しています
【図2】
ガラス
ビーズ
(6mm)
【図3】
〈A〉
固結び
糸始末
ロング
バイコーン
ガラスビーズ
(4mm)
デザイン
オーバル
(グレー)
編み戻り
編み始めの糸と
固結び
★
【図4】
〈B〉
★
〈A〉の
最後
固結び
糸始末
20cm
残す
ストッパー
ビーズ
編み戻り
編み始めの糸と
固結び
【全体図】
最初のパーツAの
アクリルシャネルストーン
A
B
B
A
A
B

【図5】

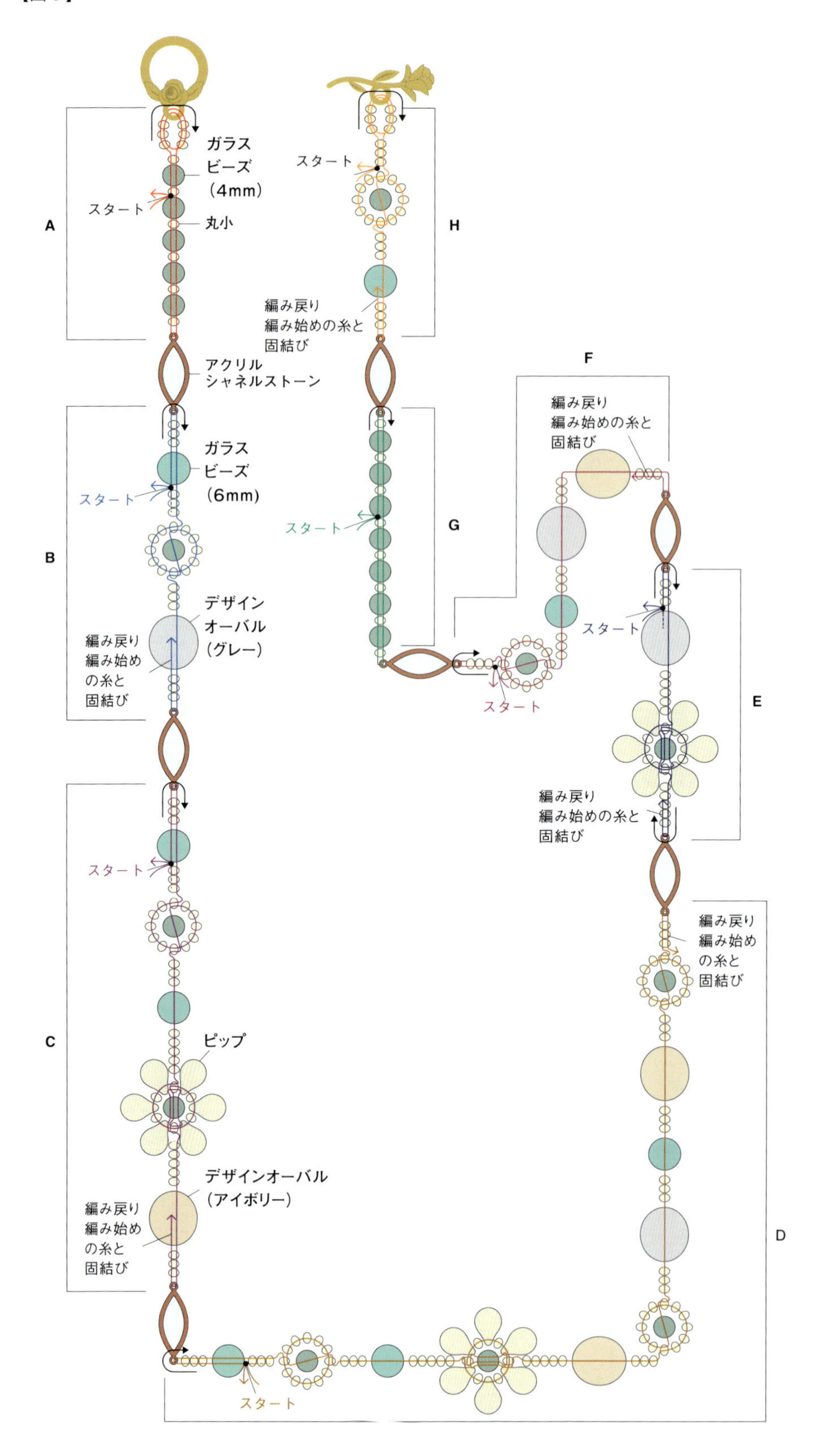
ガラス
ビーズ
（4mm）
スタート
丸小
A
スタート
H
編み戻り
編み始めの糸と
固結び
アクリル
シャネルストーン
F
編み戻り
編み始めの糸と
固結び
ガラス
ビーズ
（6mm）
スタート
B
スタート
G
デザイン
オーバル
（グレー）
編み戻り
編み始め
の糸と
固結び
スタート
スタート
E
編み戻り
編み始めの糸と
固結び
スタート
編み戻り
編み始め
の糸と
固結び
C
ピップ
デザインオーバル
（アイボリー）
編み戻り
編み始め
の糸と
固結び
D
スタート

p.19　30

＊仕上がりサイズ
　ネックレス長さ約43cm
　モチーフ約５×４cm

材料

30

丸小ビーズ（ボヘミアンビーズ・中染めシルバー
　ティーグリーン）【CB-78152】……170個
竹ビーズ（１分竹・３mm・金茶銀引）【CY-0001-42】
　……20個
竹ビーズ（２分竹・６mm・金茶銀引）【CY-0002-62】
　……20個
チェコツインビーズ（2.5×５mm・マットゴールド
　メタリック）【TW-01710】……64個
スワロフスキー・クリスタル（#5328・４mm・
　クリスタルAB）【SW-0104000A-0】……５個
丸カン（0.6×３mm）……２個
カニカン（ゴールド）……１個
アジャスター（ゴールド）……１個
チェーン（ゴールド）【NH-99039-G】……18cm×２本

糸：白　針：10号
　（材料提供：パーツクラブ　【　】内は商品番号）

作り方

❶花**A**を編む。糸を60cmに切り、糸端20cm残す。チェコツインビーズ６個を通して輪にし、編み始めに残した糸と固結びする。続けて図のように編む。【図１】
❷編み始めに残した糸で中心に飾りをつけ、渡り糸をすくい、糸を始末する。花**A**が完成。同じものを２個作る。【図２】
❸花**B**を編む。糸を60cmに切り、糸端20cm残す。図上のようにチェコツインビーズとスワロフスキー・クリスタルを通し、編み始めに残した糸と固結びする。続けてチェコツインビーズを左右４個ずつ通し、もう１周拾う。【図３】
❹③から続けてチェコツインビーズで編んで花**B**を仕上げ、糸を始末する。【図４】
❺花**C**を編む。糸を120cmに切り、糸端20cm残す。③と同様に作り、続けて竹ビーズ（１分竹）・丸小ビーズで編んで花**C**を仕上げ、糸を始末する。【図５】【図６】
❻花**D**を編む。糸を100cmに切り、糸端20cm残す。③と同様に作り、続けて竹ビーズ（２分竹）・丸小ビーズで編んで花**D**を仕上げ、糸を始末する。【図５】【図７】
❼５個の花とチェーンを新たな糸**A**・**B**それぞれ40cmで図のように裏でつなぎ、糸を始末する。チェーンの両端に丸カンでカニカン、アジャスターをつなぐ。【図８】

【図１】

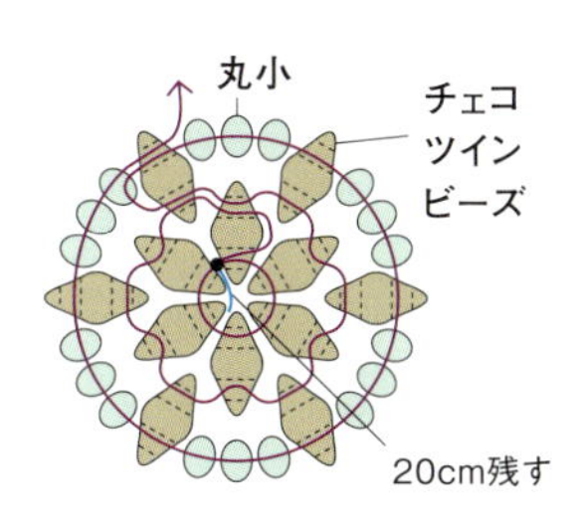

【図２】

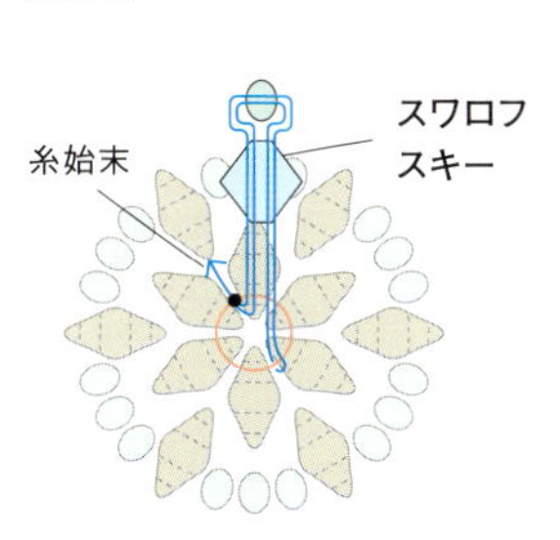

編み始めに残した糸で
中心に飾りをつける。
わたり糸をすくう。

花A×2個

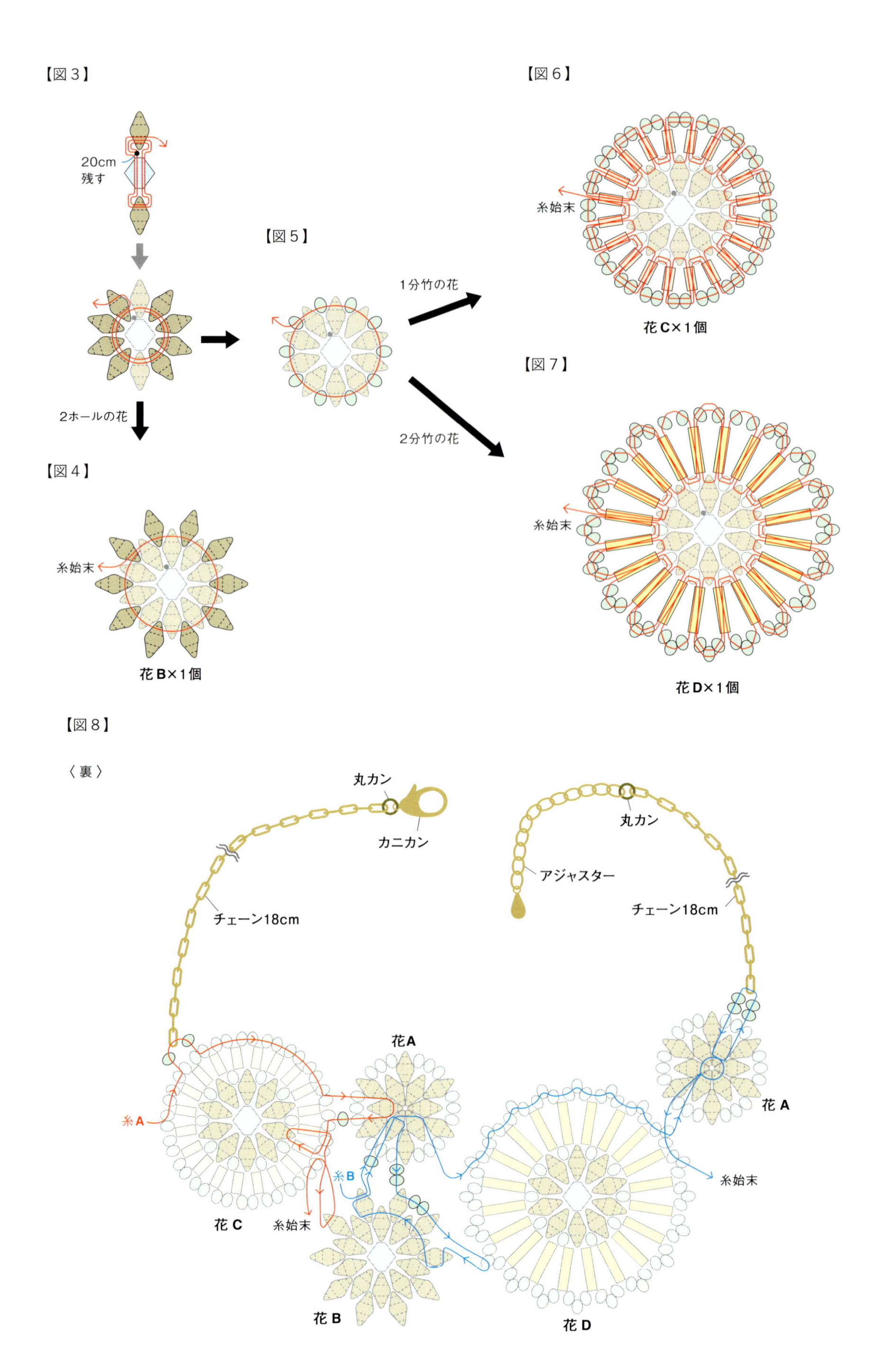
【図３】
20cm
残す
2ホールの花
【図４】
糸始末
花 B×１個
【図５】
１分竹の花
２分竹の花
【図６】
糸始末
花 C×１個
【図７】
糸始末
花 D×１個
【図８】
〈裏〉
丸カン
カニカン
チェーン18cm
丸カン
アジャスター
チェーン18cm
花A
糸A
糸B
花 A
糸始末
花 C
糸始末
花 B
花 D

p.20　31,32

＊仕上がりサイズ
ネックレス長さ約47cm

材料

31

丸小ビーズ（グレー）【TH-R11-29】……146個
丸大ビーズ（ツヤ消し深緑）【TH-R8-940F】……12個
チェコファイアポリッシュ（6mm・シャム）
【1-F06-9006】……10個
チェコファイアポリッシュ（8mm・シャム）
【1-F08-9006】……2個
スーパーウノビーズ（2.5×5mm・オペークレッド）
【CZ-SS255-9318】……28個
チェコビーズ（ロレッタ・14×13mm・レッド）
【PS-PF1413ii-9126】……12個
チェコビーズ（4ホール スクエア・6mm・
マットメタリックレザー）【2-QT6-167】……3個
ガラスパール（ラウンド・4mm・ライトグレー）
【6-R04-53091】……2個
エアパール（ラウンド・6mm・トパーズ キスカ）
【T6-R06-501】……3個
丸カン（0.6×3mm・シルバー）【CM-O06M3SIL-1】
……2個
カニカン（シルバー）【CM-LOB41-SIL】……1個
アジャスター（シルバー）【CM-CA50-SIL】……1個
チェーン（シルバー）【CMC-88-OR】……13cm×2本

32

丸小ビーズ（シルバー）【TH-R11-0061】……146個
丸大ビーズ（ツヤ消し深緑）【TH-R8-940F】……12個
チェコファイアポリッシュ（6mm・ジェット）
【1-F06-2398】……10個
チェコファイアポリッシュ（8mm・ジェット）
【1-F08-2398】……2個
スーパーウノビーズ（2.5×5mm・ジェット）
【CZ-SS255-2398】……28個
チェコビーズ（ロレッタ・14×13mm・ジェット）
【PS-PF1413-2398】……12個
チェコビーズ（4ホール スクエア・6mm・
マットメタリックレザー）【2-QT6-167】……3個
ガラスパール（ラウンド・4mm・ホワイト）
【6-R04-51001】……2個
ビューティーパール（ラウンド・6mm・スノーホワイト）
【70-10000-2118】……3個
丸カン（0.6×3mm・シルバー）【CM-O06M3SIL-1】
……2個
カニカン（シルバー）【CM-LOB41-SIL】……1個
アジャスター（シルバー）【CM-CA50-SIL】……1個
チェーン（シルバー）【CMC-88-OR】……13cm×2本

作り方

❶花大を作る。糸を60cmに切り、糸端20cm残してストッパービーズをつける。チェコビーズ（4ホール）の下から針を出し、図のように編み、編み始めに残した糸と固結びする。【図1】
❷4ホールと、最初に通したチェコビーズ（ロレッタ）と丸小ビーズを拾い、パール6mmを通し、反対側の丸小を拾う。丸小3個ずつ通しながらパールを囲み、ロレッタと4ホールを拾い、裏へ針を出す。【図2】
❸編み地を裏返す。丸大ビーズを拾いながら間に丸小を通して1周し、ストッパービーズを外して編み始めに残した糸と固結びし、糸を始末する。①〜③と同様にして花大を合計3個作る。【図3】
❹花中を作る。糸を40cmに切り、糸端15cm残してストッパービーズをつける。図のように編み、ストッパービーズを外して編み始めに残した糸と固結びして糸を始末する。同様にして花中を合計2個作る。【図4】【図5】
❺花小を作る。糸を30cmに切り、糸端15cm残してストッパービーズをつける。図のようにビーズを通し、ストッパービーズを外して編み始めに残した糸と固結びして糸を始末する。同様にして花小を合計2個作る。【図6】
❻糸を80cmに切り、図のように花大・中・小を拾いながらビーズを通し、全体をつなぎ、糸を始末する。新たな糸を50cmに切り、端の花小の反対側の丸小を拾い、図のように編み、チェーンとつなぐ。【全体図】
❼花大を中心に、反対側も同様につなぐ。チェーンの両端に丸カンでカニカン、アジャスターをつなぐ。【全体図】

糸：31赤、32黒　針：10号
（材料提供：COSJWE　【　】内は商品番号）

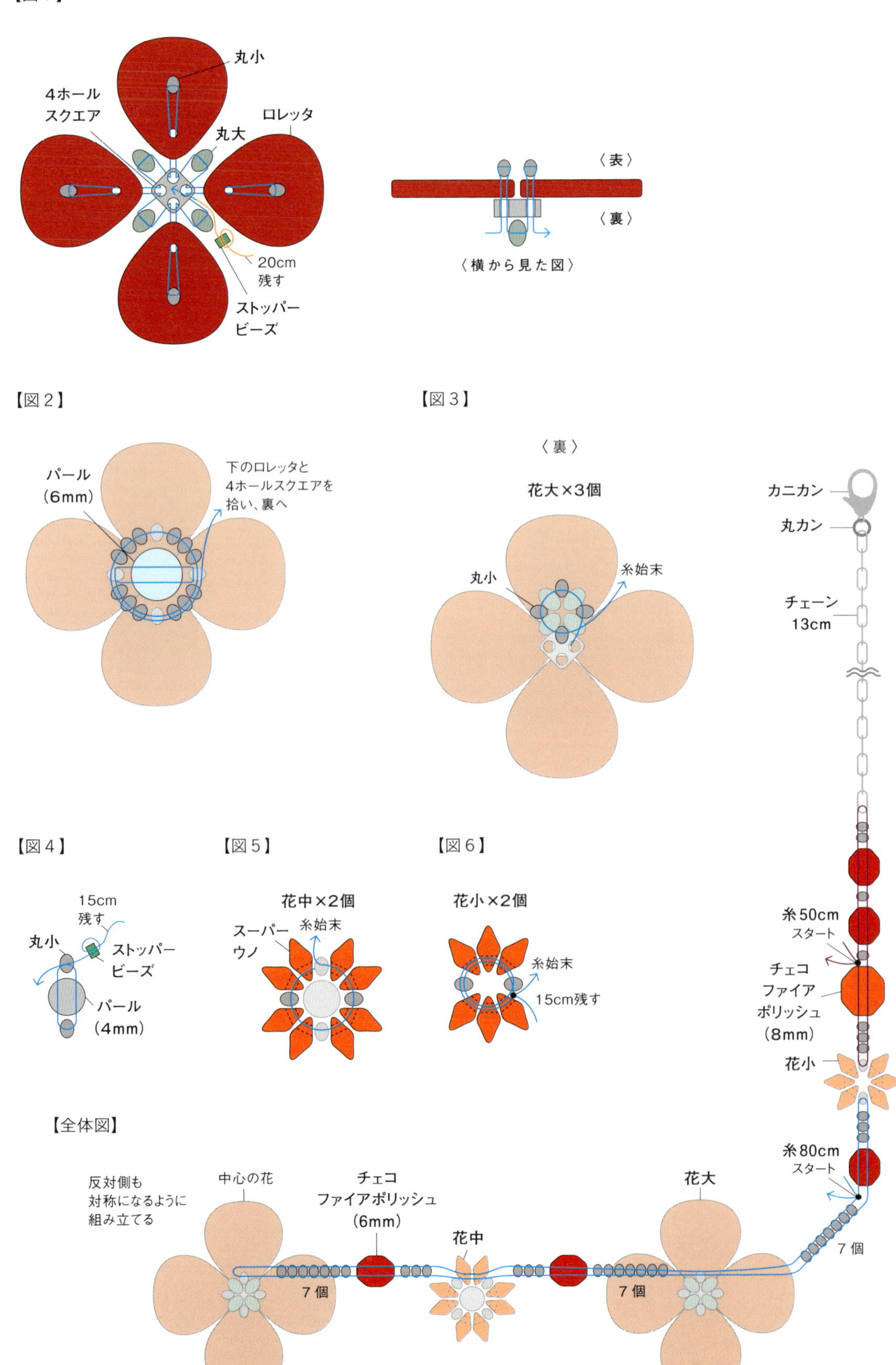
【図1】
丸小
4ホール
スクエア
ロレッタ
丸大
20cm
残す
ストッパー
ビーズ
〈表〉
〈裏〉
〈横から見た図〉
【図2】
パール
(6mm)
下のロレッタと
4ホールスクエアを
拾い、裏へ
【図3】
〈裏〉
花大×3個
丸小
糸始末
カニカン
丸カン
チェーン
13cm
【図4】
15cm
残す
丸小
ストッパー
ビーズ
パール
(4mm)
【図5】
花中×2個
スーパー
ウノ
糸始末
【図6】
花小×2個
糸始末
15cm残す
糸50cm
スタート
チェコ
ファイア
ポリッシュ
(8mm)
花小
【全体図】
反対側も
対称になるように
組み立てる
中心の花
チェコ
ファイアポリッシュ
(6mm)
花中
花大
糸80cm
スタート
7個
7個
7個

p.21 33,34

＊仕上がりサイズ
約5×4cm

材料

33

丸小ビーズ（シルバー）【#4201/H6421】……226個
特大ビーズ（バロックコーティング ホワイト）
【#3959/H6599 6/0】……26個
ファイアポリッシュビーズ（8mm・ピカソコーティング グリーン）【K834/484】……1個
ファイアポリッシュビーズ（ドロップ・7×5mm・ジェット）【K2054/15】……8個
ファイアポリッシュビーズ（ドロップ・8×6mm・ジェット）【K2055/15】……10個
キャッツアイビーズ（5mm・アメジスト）
【K4749/10】……1個
透かしパーツ（24mm・ブロンズ）【K4917/B】
……1個
ブローチ金具（シャワー付き・24mm・ブロンズ）
【K504/B】……1個

34

丸小ビーズ（ゴールド）【#182/H2972】……226個
特大ビーズ（バロックコーティング ブロンズ）
【#3955/H6595 6/0】……26個
ファイアポリッシュビーズ（8mm・オリーブ ブラウン）
【K834/314】……1個
ファイアポリッシュビーズ（ドロップ・7×5mm・アメジスト）【K2054/10】……8個
ファイアポリッシュビーズ（ドロップ・8×6mm・アメジスト）【K2055/10】……10個
キャッツアイビーズ（5mm・ペリドット）
【K4749/6】……1個
透かしパーツ（24mm・ブロンズ）【K4917/B】……1個
ブローチ金具（シャワー付き・24mm・ブロンズ）
【K504/B】……1個

糸：白　針：10号
（材料提供：株式会社MIYUKI／ビーズファクトリー
【　】内は商品番号）

作り方

❶花小を作る。糸を100cmに切り、糸端20cm残す。丸小ビーズ・キャッツアイビーズを通す。【図1】
❷丸小を7個ずつ通し、編み始めに残した糸と固結びし、丸小1個拾う。【図2】
❸丸小を拾いながらファイアポリッシュビーズ（ドロップ・7×5mm）で花びらを編む。【図3】
❹花びらを縁取るように丸小を編み、糸を始末する。【図4】
❺花大を作る。糸を140cmに切り、糸端20cm残す。花小と同じ要領で、ビーズを変えて編み、糸を始末する。【図5】【図6】【図7】【図8】
❻組み立てる。糸を80cmに切り、端を透かしパーツに固結びして固定する。ブローチ金具のシャワーに重ね、ぐし縫いの要領で縫い合わせる。シャワーと透かしパーツがしっかり固定されたら、花小の中心のキャッツアイを拾い、図のように透かしパーツの左斜め上の位置に縫いとめる。【図9】
❼花大の中央のファイアポリッシュビーズの周りの丸小のわたり糸をすくい、シャワーに花大を縫いとめる。花小よりも高さを出したいので、丸小を2個ずつ通しながらとめる。【図10】
❽図のようにフリンジをつけ、糸を始末する。【図11】
❾シャワーをブローチ金具に合わせ、爪を折って固定する。

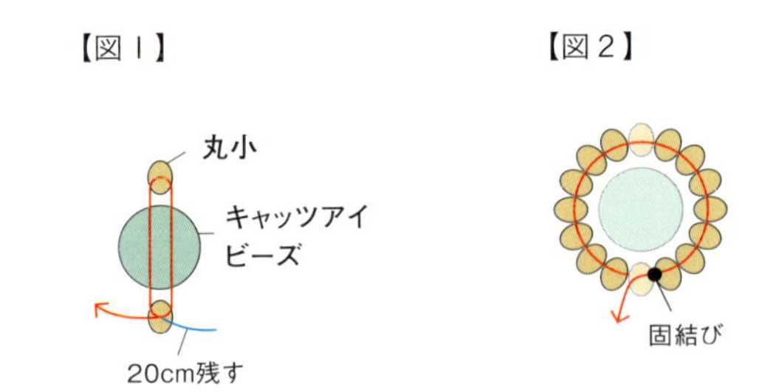
【図1】
丸小
キャッツアイ
ビーズ
20cm残す
【図2】
固結び

【図3】
ファイア
ポリッシュ
ビーズ
ドロップ
7×5cm
【図4】
花小
【図5】
丸小
ファイア
ポリッシュ
ビーズ
(8mm)
20cm残す
【図6】
固結び
【図7】
ファイア
ポリッシュ
ビーズ
ドロップ
8×6mm

【図８】

【図９】

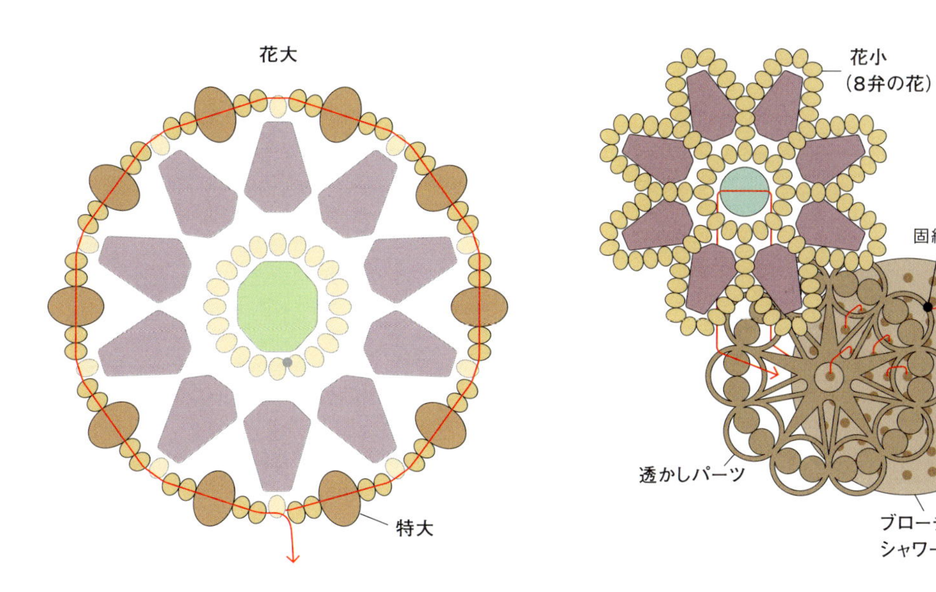
花大
特大
花小
（8弁の花）
固結び
透かしパーツ
ブローチ金具の
シャワー

【図10】

【図11】

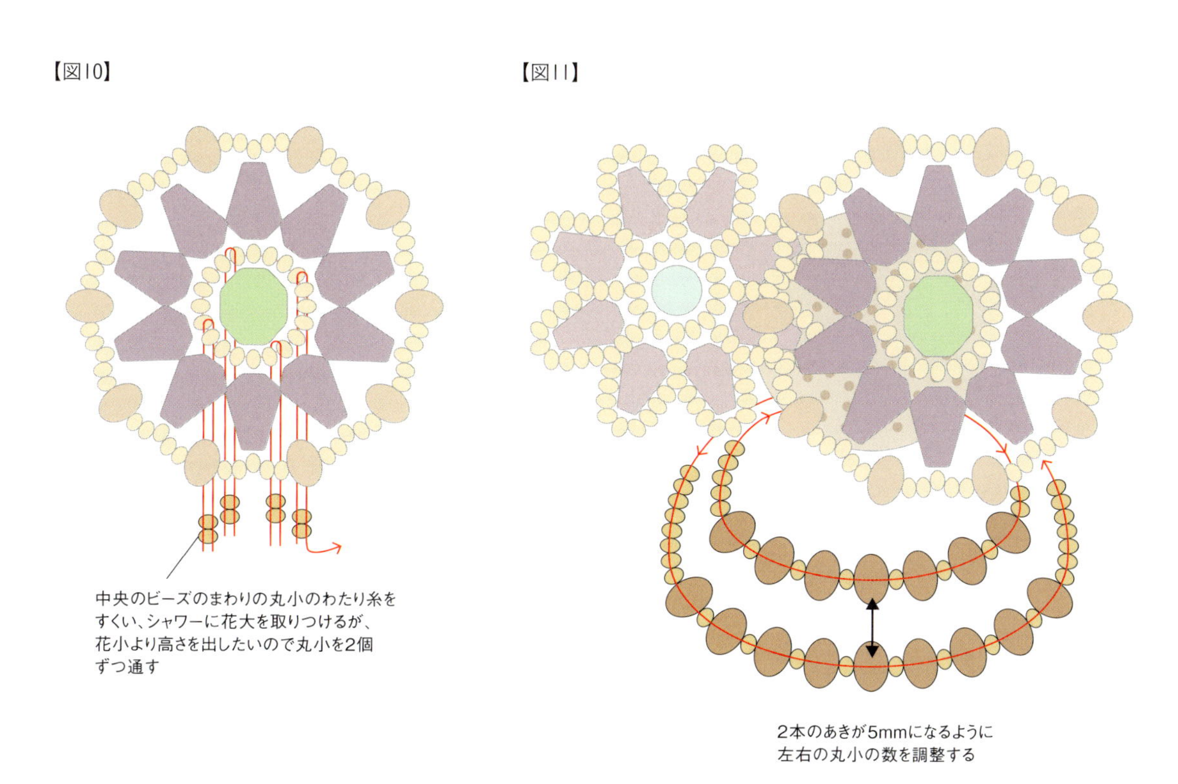
中央のビーズのまわりの丸小のわたり糸を
すくい、シャワーに花大を取りつけるが、
花小より高さを出したいので丸小を2個
ずつ通す
2本のあきが5mmになるように
左右の丸小の数を調整する

p.22 35,36

＊仕上がりサイズ
モチーフ長さ約6cm

材料

35

特小ビーズ（緑）【TH-R15-0529】……63個
丸小ビーズ（緑）【TH-R11-1070】……254個
丸大ビーズ
A（緑中銀）【TH-R8-284】……159個
B（深緑）【TH-R8-617】……22個
C（ピンク）【TH-R8-2121】……25個
プレスビーズ（フラワー・5mm・2トーン ピンク/クリスタル）【2-F05II-75016】……38個
4ホールスクエア（6x6mm・オペークペールターコイズラスター）【2-QT6Pi-6310】……7個
カブトピン（43mm・シルバー）【EU-00035-R】……1個

36

特小ビーズ（緑中銀）【TH-R15-284】……63個
丸小ビーズ（黄緑）【TH-R11-246】……254個
丸大ビーズ
A（ベージュ）【TH-R8-0235】……159個
B（こげ金マット）【TH-R8-1221F】……22個
C（紫）【TH-R8-2114】……25個
プレスビーズ（フラワー・5mm・ラスター シャンパン）【2-F05Lu-14413】……17個
プレスビーズ（フラワー・5mm・2トーン アメジスト）【2-F05II-25014】……21個
4ホールスクエア（6x6mm・マットメタリックライトゴールド）【2-QT6-171】……7個
カブトピン（43mm・ゴールド）【EU-00035-G】……1個

糸：ベージュ　針：10号
（材料提供：COSJWE／カブトピンのみパーツクラブ
【　】内は商品番号）

作り方

❶葉を作る。糸を120cmに切り、糸端70cm残してストッパービーズをつけ、丸小ビーズを図のように編む。【図1】【図2】
❷丸大ビーズ**A**を通して編み地の丸小を拾いながら編む。これが1段めとなる。【図3】
❸同じ要領で7段めまで編み、糸を始末する。【図4】
❹ストッパービーズを外し、編み始めに残した糸で、反対側も同様に7段編む。【図5】
❺7段めの丸小をハート形になるようにはぎ合わせる。【図6】
❻丸小を2個ずつ通して2段編み、葉の裏側の丸大の間に丸小を通して1周し、糸を始末する。【図7】
❼2個めは同じ葉をもう1個作る。3個めは図4、5を6段編んで同様にはぎ合わせ、葉の裏側の丸大の間に丸小を通し1周する。
❽花を作る。糸を350cmに切り、糸端120cm残してストッパービーズをつけ、4ホールスクエアと丸大**A**、**B**を通しながら7段重ねて芯を編む。【図8】
❾4ホールスクエアの穴**A**を拾い、4ホールスクエアの間に花のフリンジを編んでいく。穴**A**を下まで拾ったら、穴**B**を拾いながらフリンジを編み、糸を休ませておく。【図9】
❿ストッパービーズを外し、編み始めに残した糸で、⑨と同じ要領で穴**D**、穴**C**を拾いながらフリンジを編む。【図10】
⓫一番上の4ホールスクエアに図のように丸大**A**を通し、編んでおいた7段の葉をつなぎ、4ホールスクエアに戻る。【図11】
⓬6段の葉も4ホールスクエアにつなぎ、糸を始末する。⑨で休ませておいた糸でもう1個の7段の葉をつなぎ、糸を始末する。【図12】
⓭糸を80cmに切り、糸端25cm残してストッパービーズをつけ、丸小で4目のペヨーテステッチを12段編む。【図13】
⓮⑬の編み地でカブトピンを包み、編み地をはぎ合わせる。【図14】
⓯続きの糸と編み始めに残した糸で丸小を通し、カブトピンと花をつなぎ、糸を始末する。【図15】

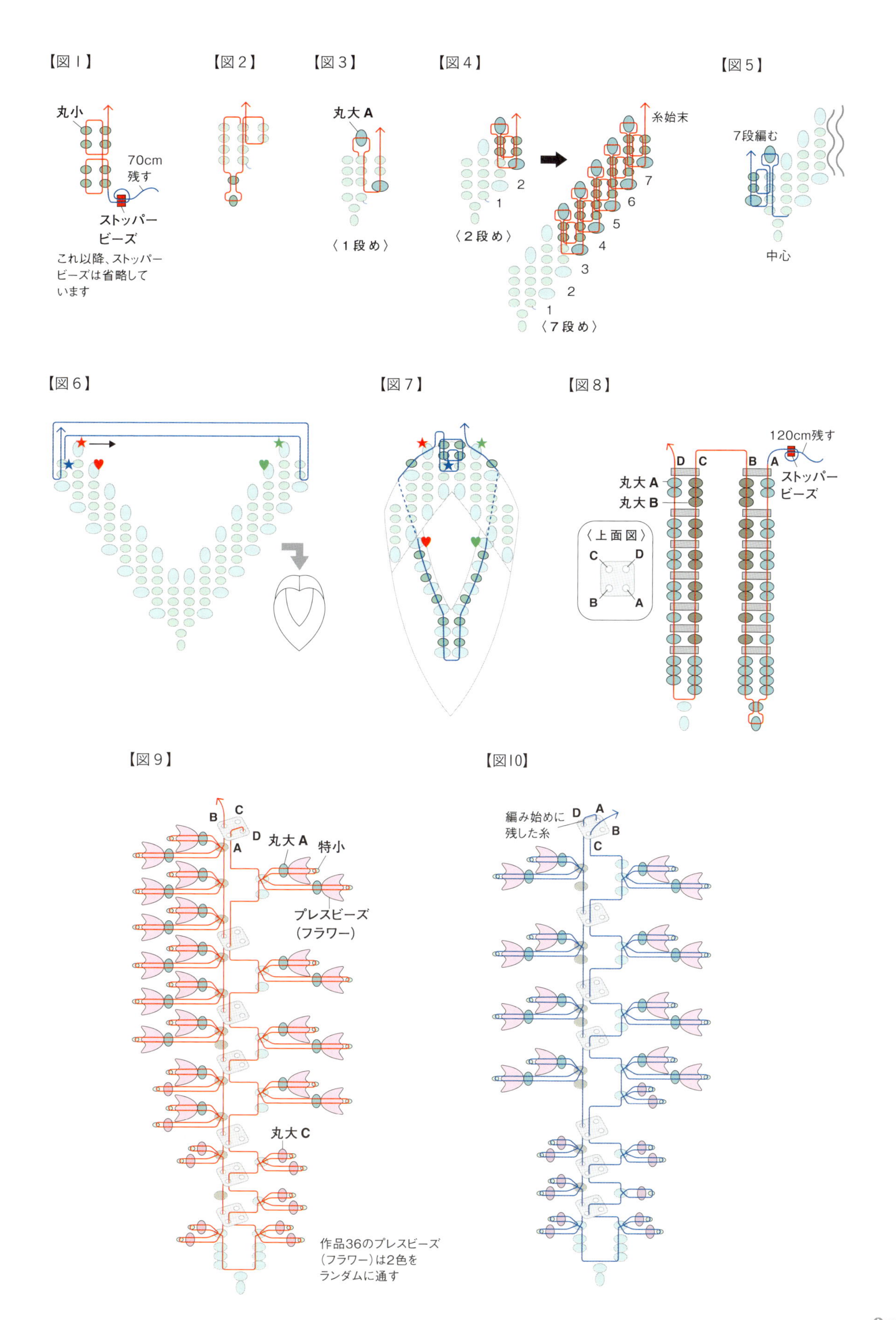
【図1】
丸小
70cm
残す
ストッパー
ビーズ
これ以降、ストッパービーズは省略しています
【図2】
【図3】
丸大A
〈1段め〉
【図4】
糸始末
〈2段め〉
〈7段め〉
【図5】
7段編む
中心
【図6】
【図7】
【図8】
120cm残す
丸大A
丸大B
ストッパー
ビーズ
〈上面図〉
【図9】
丸大A
特小
プレスビーズ
(フラワー)
丸大C
作品36のプレスビーズ(フラワー)は2色をランダムに通す
【図10】
編み始めに
残した糸

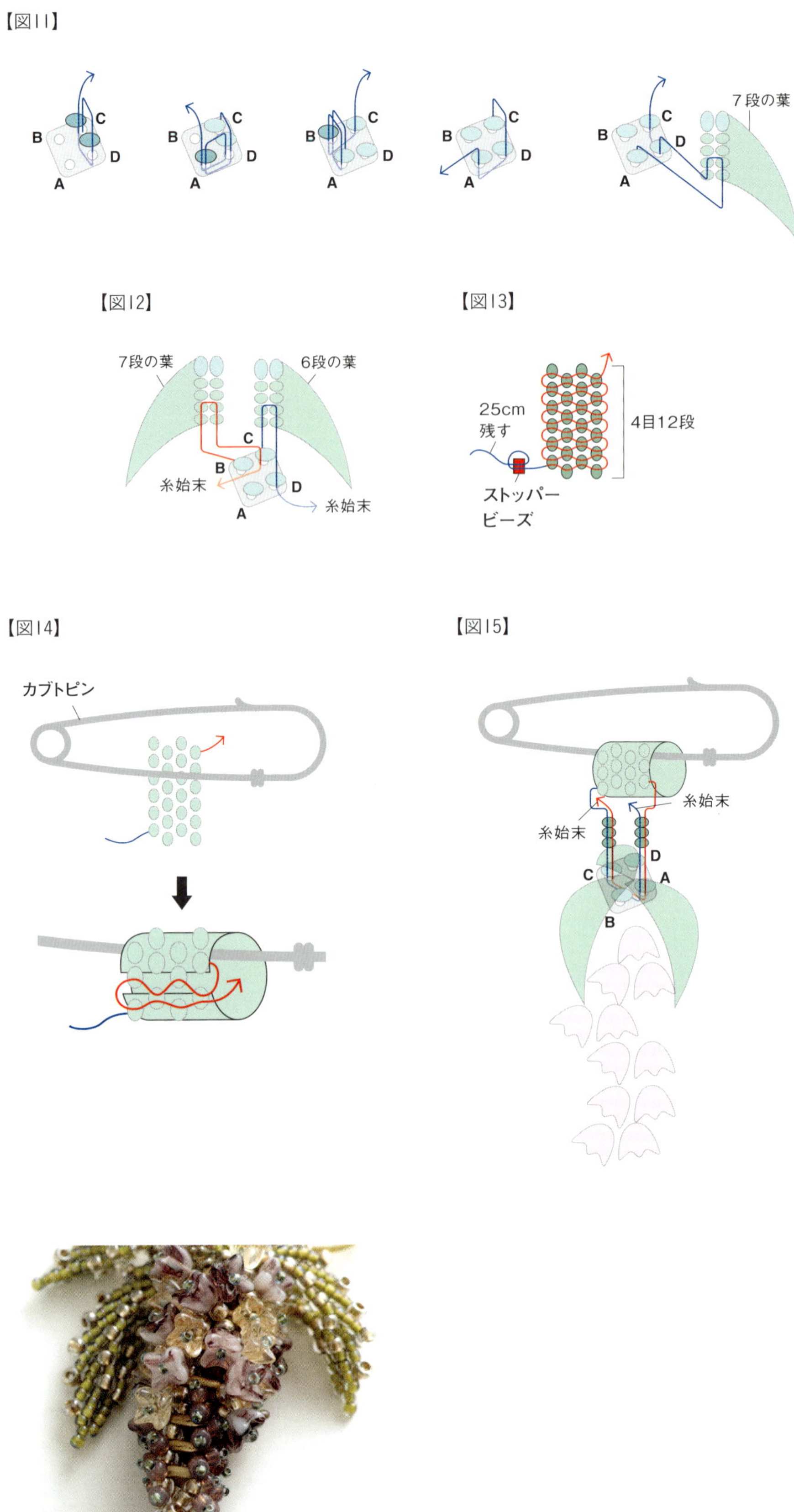
【図11】
C
B
D
A
7段の葉
【図12】
7段の葉
6段の葉
C
B
糸始末
D
A
糸始末
【図13】
25cm
残す
4目12段
ストッパー
ビーズ
【図14】
カブトピン
【図15】
糸始末
糸始末
D
C
A
B

p.23　37

＊仕上がりサイズ
約５cm

材料

37

丸小ビーズ（ベージュ）【TH-R11-998】……45個
ファイアーポリッシュ（６mm・ラスター ストーン グリーン）【1-F06LU-64454】……１個
ファイアーポリッシュ（８mm・２トーン グリーン/アメジスト）【1-F0811-57201】……１個
プレスビーズ（ダガー・３x11mm・マット トパーズAB）【2-D0311MTAB-1006】……14個
プレスビーズ（２ホールダガー・５x16mm・オペーク シャンパンラスター）【2-DT516LO-14413】……14個
透かしパーツ（リーフ・19x10mm・アンティーク ゴールド）【CM-L1910AGD-N】……２個
透かしパーツ（ラウンド・28mm・ゴールド）【UC-2828-GLD】……２個
ブローチピン（21mm・ゴールド）【CMH-V10-1】……１個

糸：ベージュ　針：10号
（材料提供：COSJWE　【　】内は商品番号）

【図１】

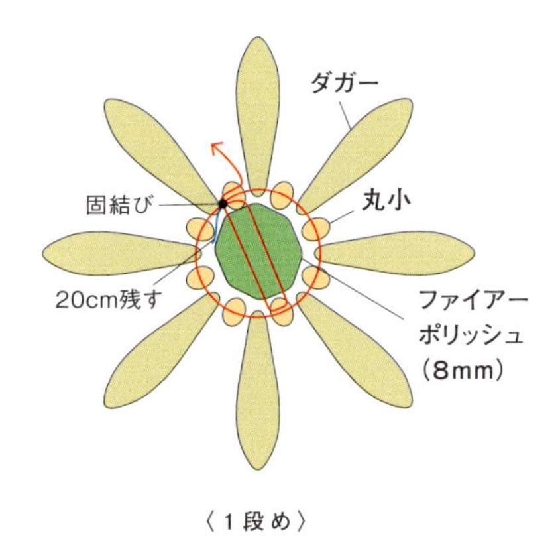

〈１段め〉

作り方

❶花大を作る。糸を80cmに切り、糸端20cm残す。プレスビーズ（ダガー）と丸小ビーズを交互に通して輪にし、編み始めに残した糸と固結びする。これが１段めとなる。中心にファイアーポリッシュ（８mm）を通す。【図１】
❷２段めはダガーを拾いながらプレスビーズ（２ホールダガー）を通す。【図２】
❸３段めは２ホールダガーの同じ穴を拾いながら丸小を通して編む。４段めは２ホールダガーのもう一方の穴を拾いながら丸小２個を通して編み、糸を始末する。【図３】
❹花小を作る。糸を50cmに切り、糸端20cm残してダガーを６個通し、輪にして固結びし、糸を始末する。【図４】
❺花中を作る。糸を60cmに切り、糸端20cm残す。２ホールダガーと丸小を通して輪にし、編み始めに残した糸と固結びする。これが１段めとなる。２段めは２ホールダガーのもう一方の穴を拾いながら丸小を通して編み、糸を始末する。【図５】
❻糸を70cmに切り、糸端を透かしパーツ（ラウンド）に固結びする。花中、花小とファイアーポリッシュ（６mm）と丸小、透かしパーツ（リーフ）の順で透かしパーツ（ラウンド）の右半分にぐし縫いの要領で縫いつける。透かしパーツ（リーフ）の上に少しかかるように花大を左半分に縫いつける。表から糸が見えないように気をつけること。糸は透かしパーツ（ラウンド）の裏で編み始めに残した糸と固結びし、糸を始末する。【図６】
❼糸を70cmに切り、糸端をもう１枚の透かしパーツ（ラウンド）に固結びし、表面にブローチピンを縫いつける。【図７】
❽⑥と⑦の透かしパーツ（ラウンド）を外表に合わせ、ブローチピンを縫いつけた糸で端を２〜３か所、目立たないように縫い合わせ、糸を始末する。【図８】

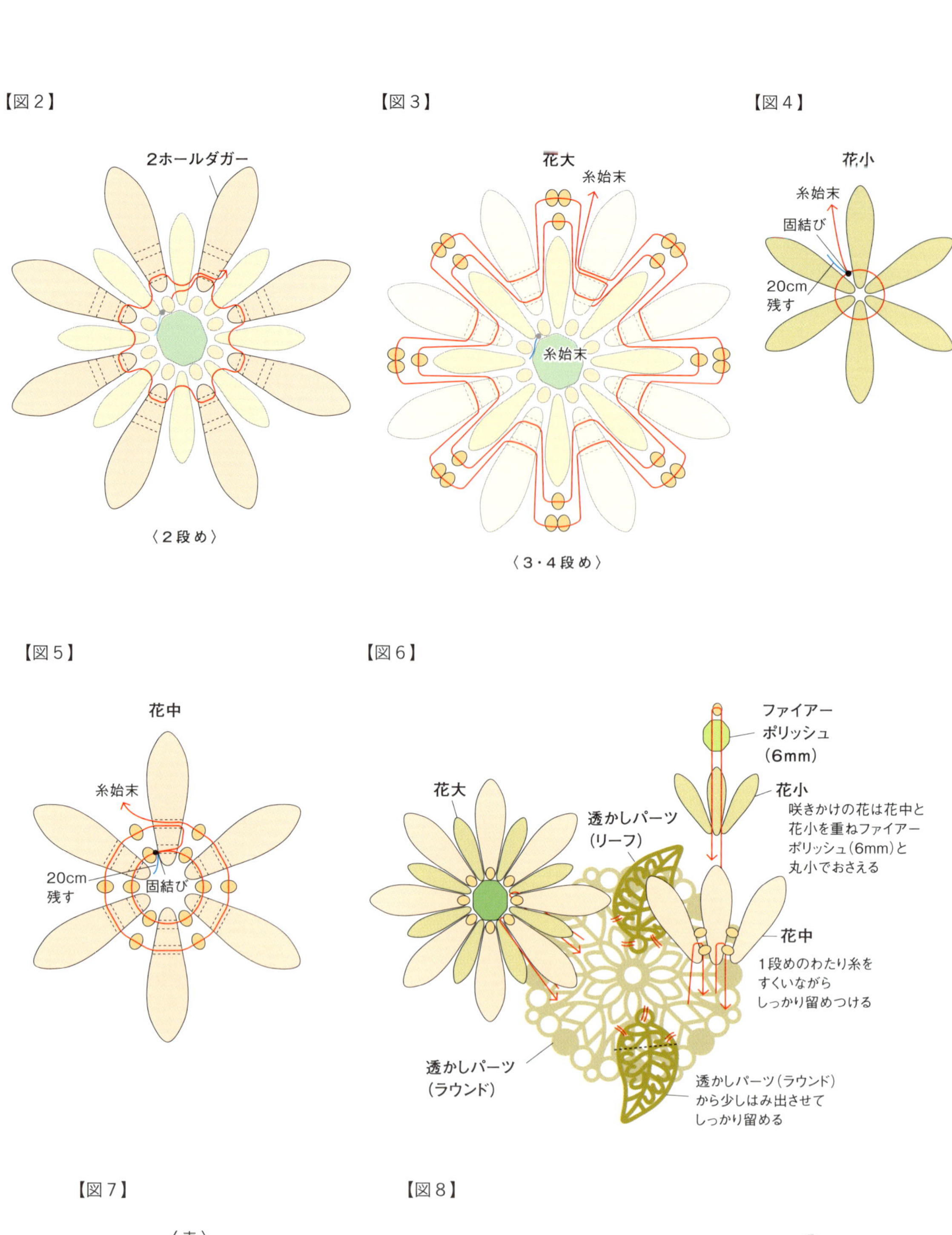
【図2】
2ホールダガー
〈2段め〉
【図3】
花大
糸始末
糸始末
〈3・4段め〉
【図4】
花小
糸始末
固結び
20cm
残す
【図5】
花中
糸始末
20cm
残す
固結び
【図6】
ファイアー
ポリッシュ
(6mm)
花小
咲きかけの花は花中と
花小を重ねファイアー
ポリッシュ(6mm)と
丸小でおさえる
花大
透かしパーツ
(リーフ)
花中
1段めのわたり糸を
すくいながら
しっかり留めつける
透かしパーツ
(ラウンド)
透かしパーツ(ラウンド)
から少しはみ出させて
しっかり留める

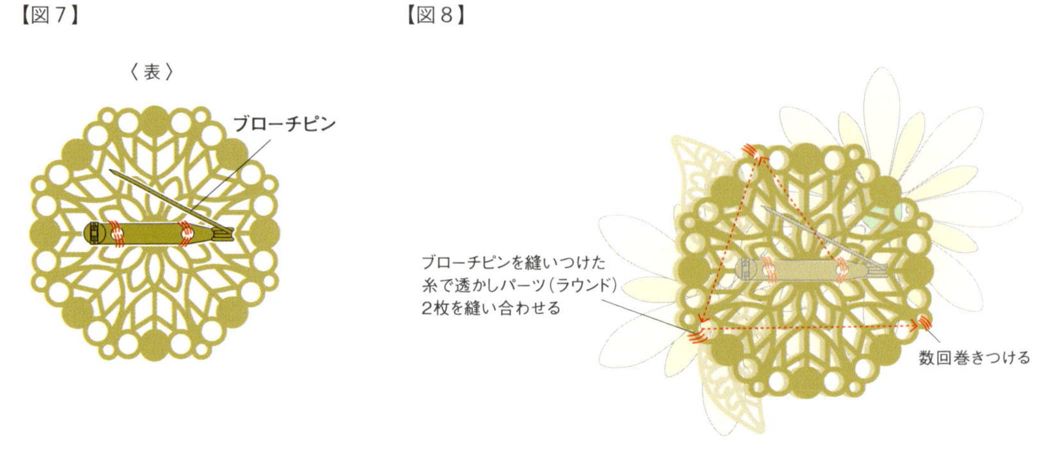
【図7】
〈表〉
ブローチピン
【図8】
ブローチピンを縫いつけた
糸で透かしパーツ(ラウンド)
2枚を縫い合わせる
数回巻きつける

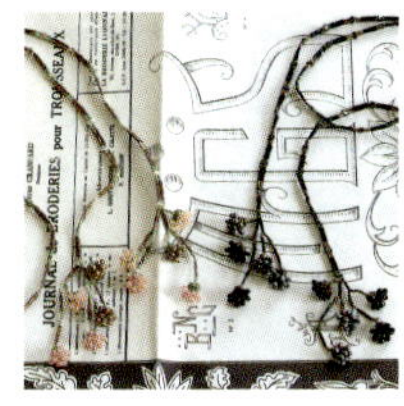

p.24,25

38,39

＊仕上がりサイズ
長さ約90cm

材料

38

丸小ビーズ（シルバー）【#4201/H6421】……122個
ロングドロップビーズ
　A（3x5.5mm・ツヤ消ピンク）【LDP2132F/H6464】……36個
　B（3x5.5mm・ツヤ消濃ピンク）【LDP2133F/H6465】……48個
　C（3x5.5mm・グリーンアイリス）【LDP2035/H6462】……36個
ツイストビーズ（2×12mm・ツヤ消こげ金）【TW2006/H2880】……84個
ハーフティラビーズ（5x2.3x1.9mm・ピカソコーティングベージュ）【HTL4512/H6998】……37個
デリカビーズ（カーキ）【DB263】……642個

39

丸小ビーズ（深緑）【#2539】……122個
ロングドロップビーズ
　A（3x5.5mm・黒）【LDP401/H6474】……60個
　B（3x5.5mm・ツヤ消黒AB）【LDP2002/H6484】……60個
ツイストビーズ（2×12mm・黒）【TW401/H2859】……84個
ハーフティラビーズ（5x2.3x1.9mm・ピカソコーティング黒）【HTL4511/H6997】……37個
デリカビーズ（ツヤ消こげ金）【DB322】……642個

糸：38ベージュ、39黒　針：12号
（材料提供：株式会社MIYUKI／ビーズファクトリー【　】内は商品番号）

作り方

❶糸を60cmに切り、糸端20cm残す。ロングドロップビーズAを3個通して輪にし、固結びする。これが1段めとなる。ロングドロップAを拾って2段めに立ち上がり、図のように編む。【図1】【図2】
❷3段め〜8段めも毎段立ち上がり、3段めはロングドロップAを2個ずつ通す。4〜8段めはデリカを6個ずつ通す。【図3】〜【図5】
❸9段め・10段めはデリカを3個ずつ通す。9段め・10段めをもう1周拾い、糸を始末する。【図6】【図7】
❹実が1個できた。この実を作品38はロングドロップAで3個、Bで4個、Cで3個作る。作品39はAで5個、Bで5個作る。【図8】
❺ラリエット部分を編む。糸を300cmに切り、糸端100cm残してストッパービーズをつける。図のように丸小ビーズ、ハーフティラビーズを編む。【図9】
❻デリカのパターンと丸小のパターンを交互に7回くり返し、最後にデリカのパターンを1回編み、糸を休ませておく。【図10】【図11】
❼ストッパービーズを外し、編み始めに残した糸で、反対側にデリカのパターンと丸小のパターンを交互に編み、糸を休ませておく。同じものを2本作る。【図9】〜【図12】参照
❽⑦で休ませおいた糸で、フリンジをつける。実の10段め側のデリカの輪の中心に針を入れ、反対側のロングドロップ3個の輪の中心から針を出し、丸小1個でとめる。図のように片側に5個の実をつなぎ、糸を始末する。もう1本は、AとCの実の色を変えてつなぐ。【図13】【全体図】
❾⑥で休ませておいた糸2本をそれぞれ図のように編み、2本をつなぐ。それぞれ反対側のラリエット部分で、糸を始末する。【図14】

【図1】

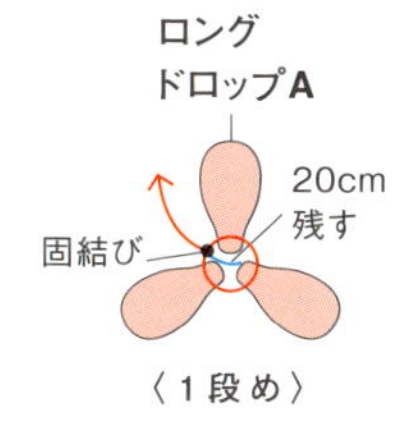

〈1段め〉

【図2】

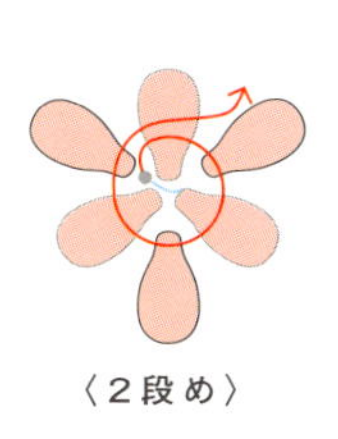
〈2段め〉

【図3】

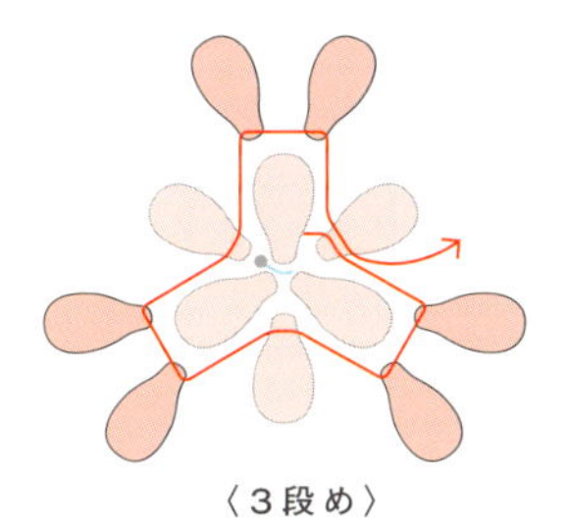
〈3段め〉

【図4】

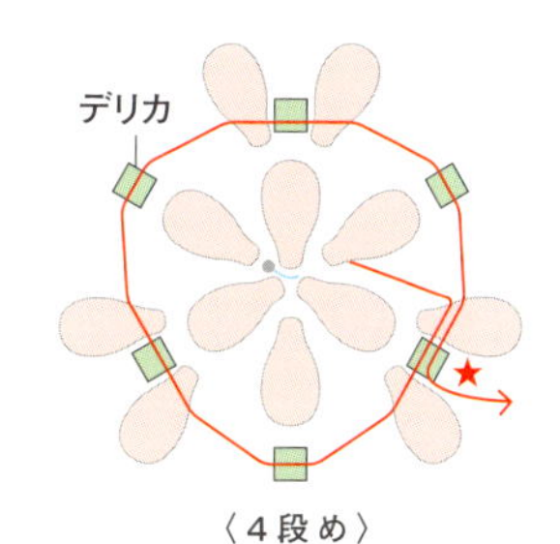

〈4段め〉

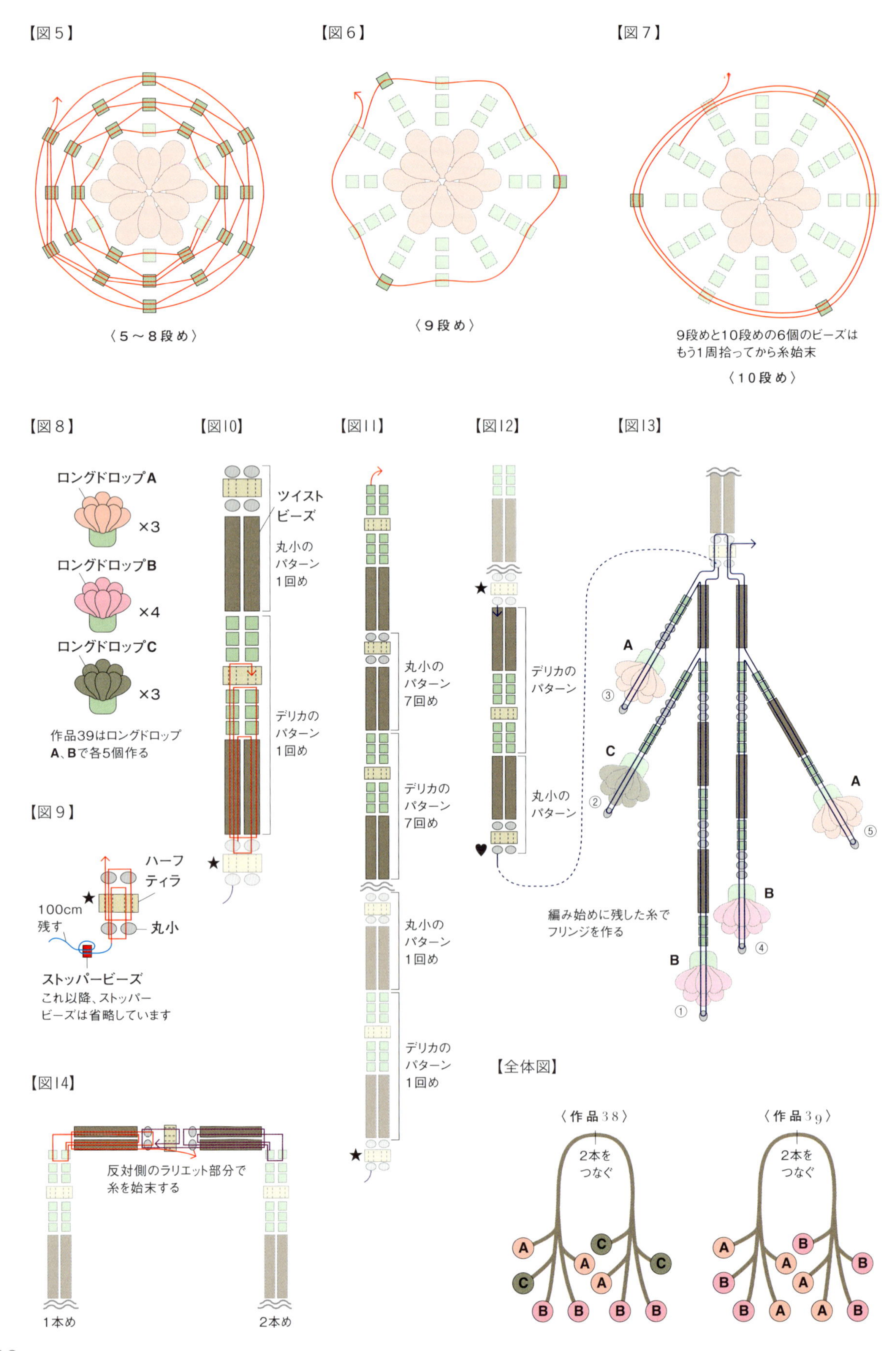
【図5】
〈5～8段め〉
【図6】
〈9段め〉
【図7】
9段めと10段めの6個のビーズは
もう1周拾ってから糸始末
〈10段め〉
【図8】
ロングドロップA
×3
ロングドロップB
×4
ロングドロップC
×3
作品39はロングドロップ
A、Bで各5個作る
【図9】
ハーフ
ティラ
100cm
残す
丸小
ストッパービーズ
これ以降、ストッパー
ビーズは省略しています
【図10】
ツイスト
ビーズ
丸小の
パターン
1回め
デリカの
パターン
1回め
【図11】
丸小の
パターン
7回め
デリカの
パターン
7回め
丸小の
パターン
1回め
デリカの
パターン
1回め
【図12】
デリカの
パターン
丸小の
パターン
【図13】
A
C
A
B
B
編み始めに残した糸で
フリンジを作る
【図14】
反対側のラリエット部分で
糸を始末する
1本め
2本め
【全体図】
〈作品38〉
2本を
つなぐ
〈作品39〉
2本を
つなぐ

p.27,27　40,41

＊仕上がりサイズ
リング　モチーフ約4.5cm・約10号
ネックレス長さ約46cm

材料

40

丸小ビーズ（黄色）【01319】……８個
丸大ビーズ（白）【01192】……30個
ガラスビーズ（ラウンド・４mm・イエロー）
【6-6204】……１個
チェコビーズ（ダガー・15.5×５mm・チョーク
ホワイト）【22185】……16個
チェコビーズ（テーブルカットレクタングル２穴・
８×４mm・ドット マットオリバイン）【22121】
……８個
メタルパーツ（ミルククラウン・16×15mm・
イエロー）【091204-02】……１個
スカシパーツ（13mm・ゴールド）【091210-G】
……１個
伸びるテグス（白）【50006-10】……180cm

41

丸小ビーズ（黄色）【01319】……25個
丸小ビーズ（TakumiLH・モスグリーン中染）
【020-1070】……458個
丸大ビーズ（白）【01192】……24個
ガラスビーズ（ラウンド・４mm・イエロー）
【6-6204】……17個
チェコビーズ（ダガー・15.5×５mm・チョーク
ホワイト）【22185】……48個
チェコビーズ（テーブルカットレクタングル２穴・
８×４mm・ドット マットオリバイン）【22121】
……23個
スパークルパール（４mm・ホワイト）【64735-04】
……３個
スパークルパール（６mm・ホワイト）【64735-06】
……３個
スパークルパール（８mm・ホワイト）【64735-08】
……３個
スパークルパール（10mm・ホワイト）【64735-10】
……１個
メタルパーツ（ミルククラウン・16×15mm・
イエロー）【091204-02】……３個
スカシパーツ（13mm・ゴールド）【091210-G】
……３個
マンテル（シルバー）【72389-S】……１セット

糸：ベージュ　針：10号
（材料提供：ビーズ X-SENSE【　】内は商品番号）

作り方

【ネックレス】
❶花モチーフを作る。糸を90cmに切り、糸端20cm残す。チェコビーズ（ダガー）・丸小ビーズ（黄色）を通し、もう１周拾って編み始めに残した糸と固結びする。これが１段めとなる。【図１】
❷丸小を拾ってガラスビーズを通し、ミルククラウンの真ん中に糸をわたしながら反対側の丸小を拾い、図のように留める。【図２】
❸編み地を裏返し、１段めのダガーを拾い、立ち上がる。２段めは１段めのダガーの間にダガーを通す。【図３】
❹２段めの最初に通したダガーを拾い、立ち上がる。３段めは１段めのダガーを拾いながら間に丸大ビーズを通し、補強のためもう１周拾う。【図４】
❺１段めのダガーの両脇の糸を拾いながら、スカシパーツにモチーフを留めつけ、糸を始末する。同じ花モチーフを合計３個作る。【図５】
❻糸を40cmに切り、花モチーフの裏側のスカシパーツに糸端を固結びし、図のようにY字の先端を編む。スカシパーツの最初に固結びした隣の穴に糸を結び、近くのビーズに糸を隠して始末する。編み始めに残した糸も同様に始末する。【図６】
❼糸を60cmに切り、⑥の花モチーフの裏側のスカシパーツに糸端20cm残して固結びし裏から見て左側（★）を編み、糸は始末する。糸を60cmに切り、糸端20cm残してスカシパーツに糸を結び、右側（♥）を編み、糸を始末する。【図７】
❽糸を150cmに切り、左花モチーフのスカシパーツ（☆）に糸の中心を通し、左右の糸に１本ずつ針を通して、針２本で残りのネックレス部分を編んでいく。右の花モチーフ（♡）も同様に糸120cmで、針２本を使って編む。【図８】
❾続けて図のように編み、両端にマンテルをつなぎ、糸を始末する。【図９】

【リング】
❶ネックレスの①～⑤と同様に花モチーフを１個作る。
❷伸びるテグスを180cmに切り、２本取りにして裏側のスカシパーツに通しながら図のように編む。【図10】

【ネックレス】

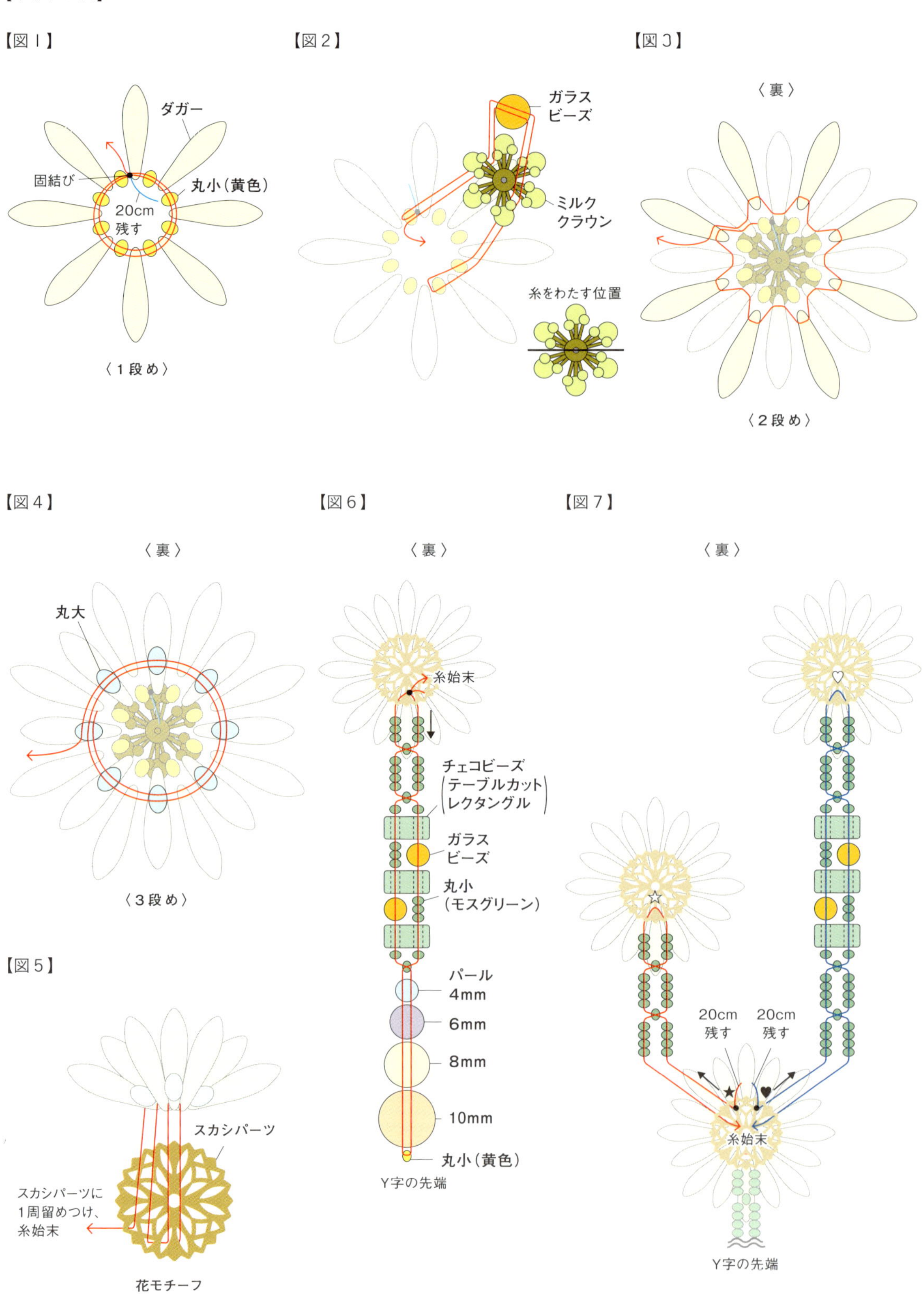
【図1】
ダガー
固結び
丸小（黄色）
20cm
残す
〈1段め〉
【図2】
ガラス
ビーズ
ミルク
クラウン
糸をわたす位置
【図3】
〈裏〉
〈2段め〉
【図4】
〈裏〉
丸大
〈3段め〉
【図5】
スカシパーツ
スカシパーツに
1周留めつけ、
糸始末
花モチーフ
×3個
【図6】
〈裏〉
糸始末
チェコビーズ
（テーブルカット
レクタングル）
ガラス
ビーズ
丸小
（モスグリーン）
パール
4mm
6mm
8mm
10mm
丸小（黄色）
Y字の先端
【図7】
〈裏〉
20cm
残す
20cm
残す
糸始末
Y字の先端

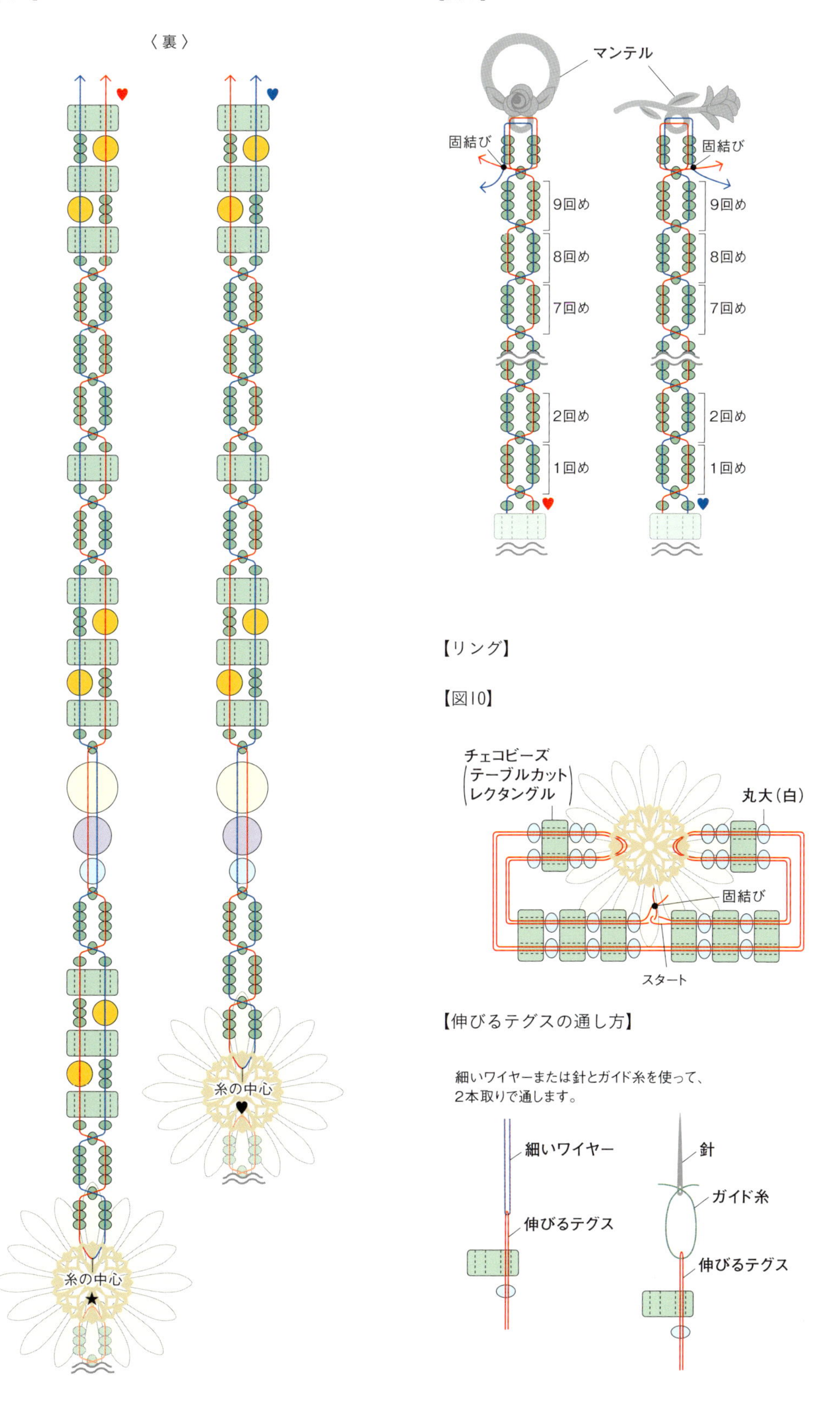
【図8】
〈裏〉
糸の中心
糸の中心
【図9】
マンテル
固結び
固結び
9回め
8回め
7回め
2回め
1回め
9回め
8回め
7回め
2回め
1回め
【リング】
【図10】
チェコビーズ
(テーブルカット
レクタングル)
丸大(白)
固結び
スタート
【伸びるテグスの通し方】
細いワイヤーまたは針とガイド糸を使って、
2本取りで通します。
細いワイヤー
伸びるテグス
針
ガイド糸
伸びるテグス

p.28 42

＊仕上がりサイズ
ブレスレット長さ約42cm

材料

42
丸小ビーズ（シルバー）【#4221/H6432】……618個
丸大ビーズ（シルバー）【#4221/H6444】……27個
トライアングルビーズ（2.5mm・深緑）【TR1127】
……99個
ロングマガ玉ビーズ（4×7mm・ツヤ消黒ラスター）
【LMA2001/H6224】……30個
ロングマガ玉ビーズ（4×7mm・クリスタル銀引）
【LMA1/H6195】
……24個
カニカン（シルバー）【K1650/10/S】……1個
アジャスター（シルバー）【K565/S】……1個

糸：白　針：10号
（材料提供：株式会社MIYUKI／ビーズファクトリー
【　】内は商品番号）

作り方

❶花モチーフを作る。糸を60cmに切り、糸端20cm残してストッパービーズをつける。丸大ビーズ2個を芯にして、丸小ビーズ・ロングマガ玉（ツヤ消黒ラスター）を合計6回くり返して芯に編みつける。【図1】【図2】
❷丸大・トライアングルビーズを通して編み、ストッパービーズを外して、編み始めに残した糸と固結びして糸を始末する。花モチーフが1個できた。同様に、ツヤ消黒ラスターで合計5個、クリスタル銀引で4個作る。【図2】
❸全体をつないでいく。糸を180cmに切り、糸端20cm残してストッパービーズをつけ、丸小で図のように編み、花モチーフ（ツヤ消黒ラスター）とカニカンをつなぐ。【図3】
❹続けて、トライアングルビーズと丸小で図のように編み、途中にリーフのモチーフも編みながら花モチーフをつないでいく。パターン**A**は9回めの途中までくり返し、全体図を参考に端まで編む。【図4】～【図6】【全体図】
❺端に丸小でアジャスターをつなぎ、糸を始末する。【図7】

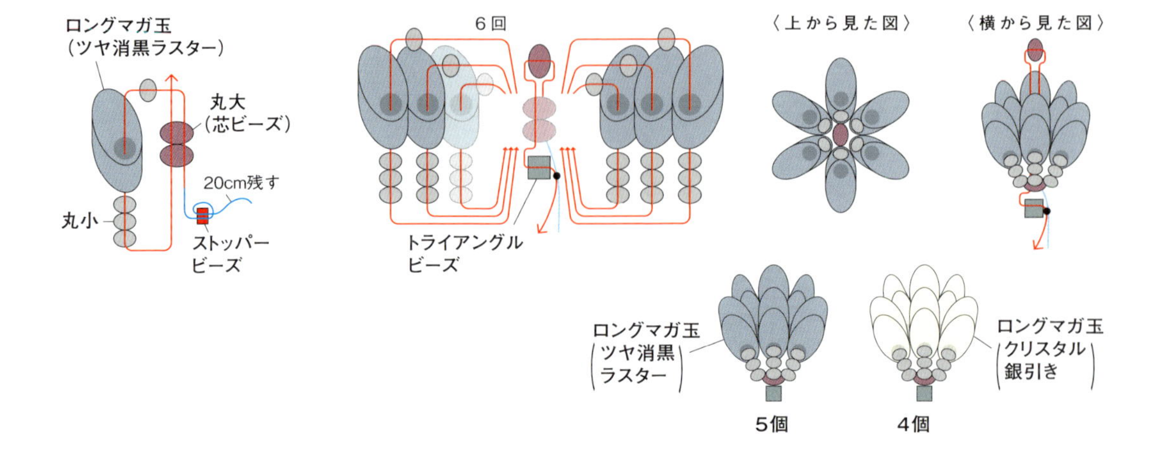

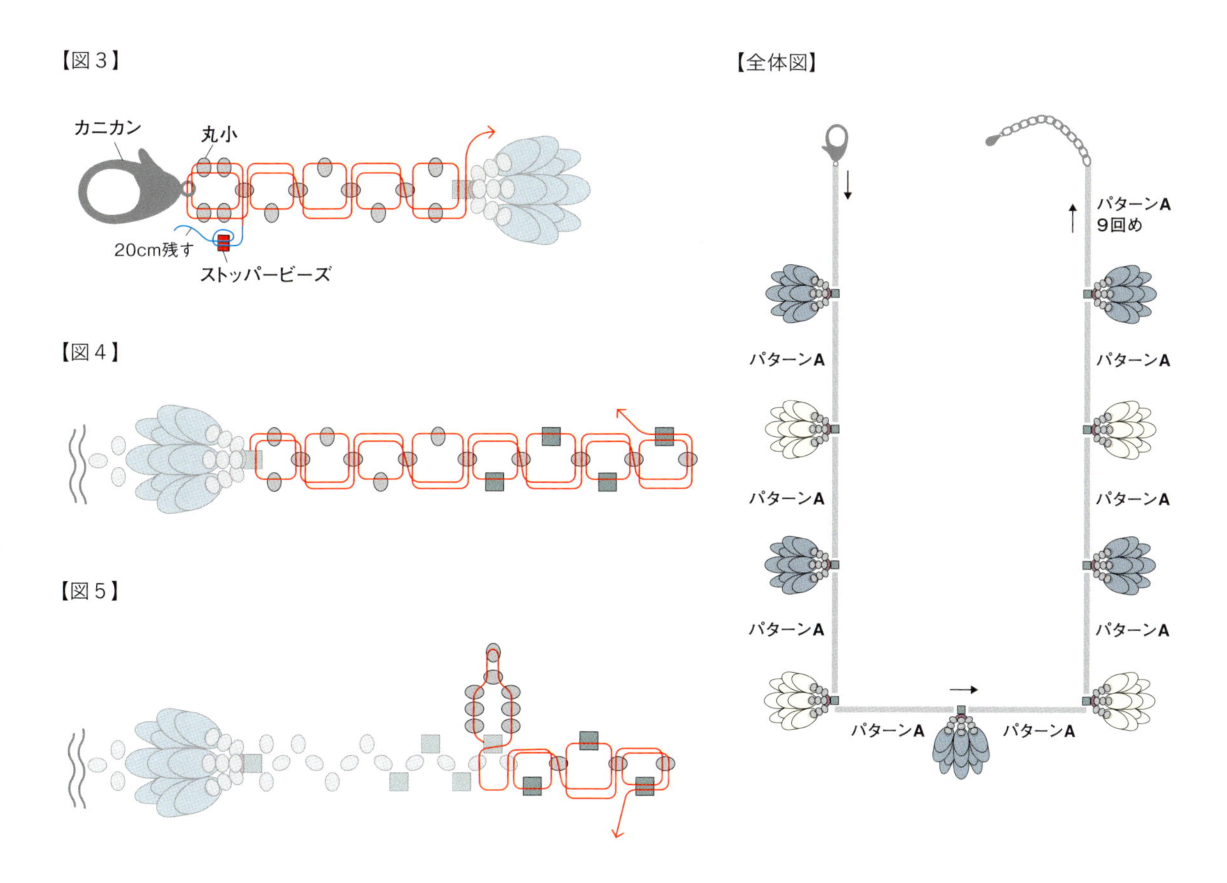
【図3】
カニカン
丸小
20cm残す
ストッパービーズ
【図4】
【図5】
【全体図】
パターンA
9回め
パターンA
パターンA
パターンA
パターンA
パターンA
パターンA
パターンA
パターンA

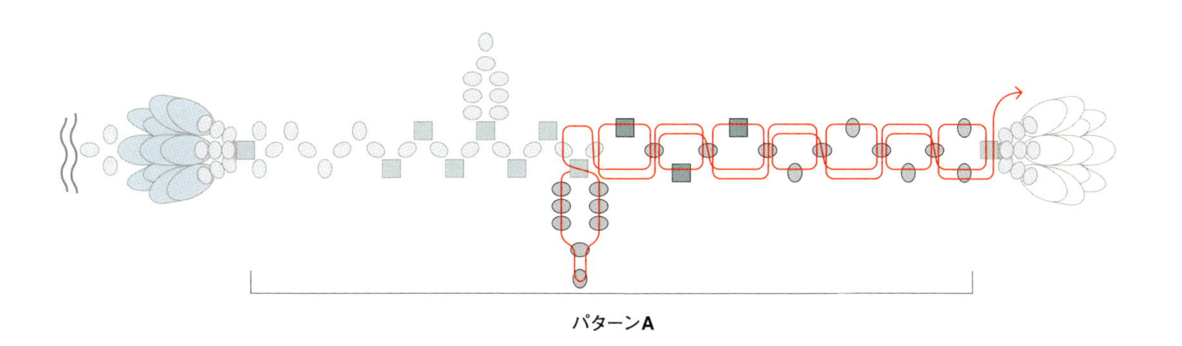
【図6】
パターンA

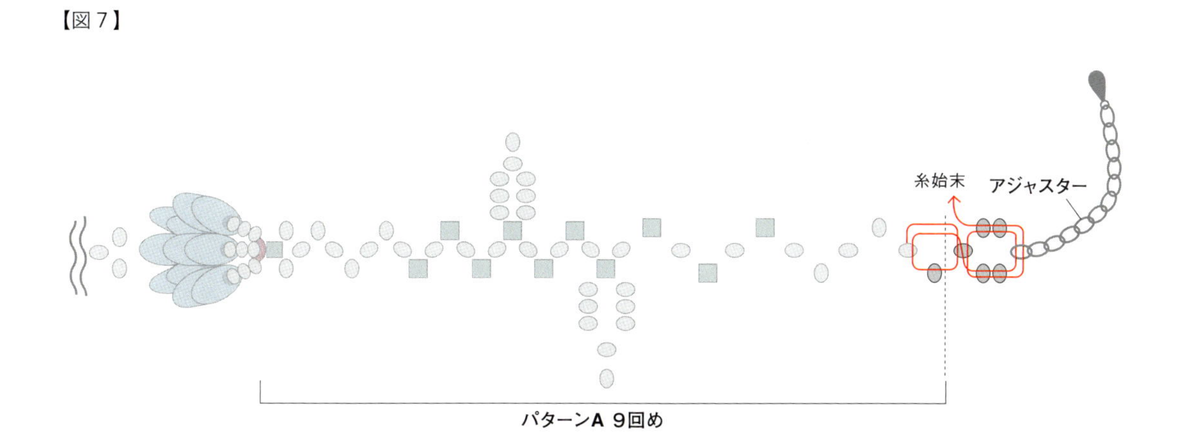
【図7】
糸始末
アジャスター
パターンA 9回め

p.29　43

＊仕上がりサイズ
長さ約46cm、Y字部分長さ約7.5cm

材料

43
丸小ビーズ（ターコイズ）【#412/H5041】……286個
スーパーデュオビーズ（2.5x５mm・ターコイズブルーピカソ）【H6834】……52個
ハーフティラビーズ（５x2.3x1.9mm・アイリス）【HTL2035/H6746】……43個
ツイストビーズ（2.7×12mm・ツヤ消こげ金）【TW2006/H2898】……32個
パール（高級カラーパール・ナツメ・６×10mm）【K254/304】……11個

糸：ベージュ　針：10号
（材料提供：株式会社MIYUKI／ビーズファクトリー【　】内は商品番号）

作り方

❶センターパーツを編む。糸を80cmに切り、糸端20cm残す。丸小ビーズとハーフティラビーズを交互に通して輪にし、編み始めに残した糸と固結びする。これが１段めとなる。図のようにビーズを拾って２段めに立ち上がり、１段めを拾いながら２段めも編む。【図１】
❷３段め、４段めも、前の段のビーズを拾いながら編む。糸は始末する。【図２】【図３】
❸コネクターパーツを編む。糸を60cmに切り、糸端20cm残す。スーパーデュオビーズ６個を通して輪にし、編み始めに残した糸と固結びする。これが１段めとなる。図のようにビーズを拾って２段めに立ち上がり、１段めを拾いながら２段めも編む。糸は始末する。【図４】
❹糸を70cmに切り、糸端20cm残してストッパービーズをつける。ハーフティラと丸小でモチーフを編み、パールを通しながらセンターパーツとコネクターパーツをつなぐ。ストッパービーズを外し、編み始めに残した糸と固結びして、糸は始末する。【図５】〜【図８】
❺ネックレス部分を編む。糸を100cmに切り、糸端20cm残してストッパービーズをつける。図のようにビーズを通して編み、先端にはパールを芯にして丸小９個を８回通した留め具を作る。ストッパービーズを外し、編み始めに残した糸と固結びして、糸は始末する。【図９】
❻反対側も同様に編む。先端には丸小28個でループを作る。編み始めに残した糸と固結びして、糸は始末する。【図10】

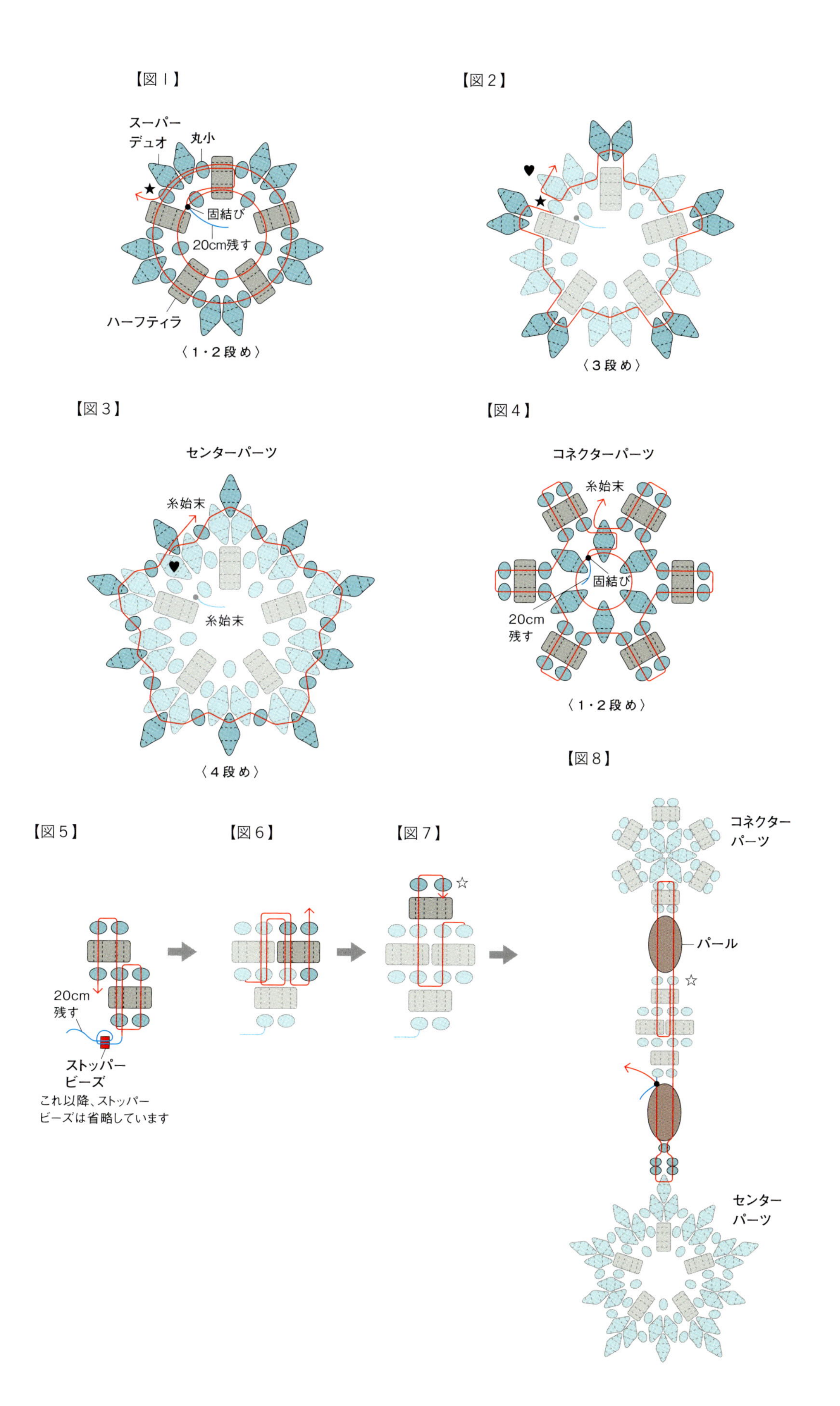
【図1】
スーパーデュオ
丸小
★
固結び
20cm残す
ハーフティラ
〈1・2段め〉
【図2】
♥
★
〈3段め〉
【図3】
センターパーツ
糸始末
♥
糸始末
〈4段め〉
【図4】
コネクターパーツ
糸始末
固結び
20cm残す
〈1・2段め〉
【図8】
コネクターパーツ
パール
☆
センターパーツ
【図5】
20cm残す
ストッパービーズ
これ以降、ストッパービーズは省略しています
【図6】
【図7】
☆

【図9】

【図10】

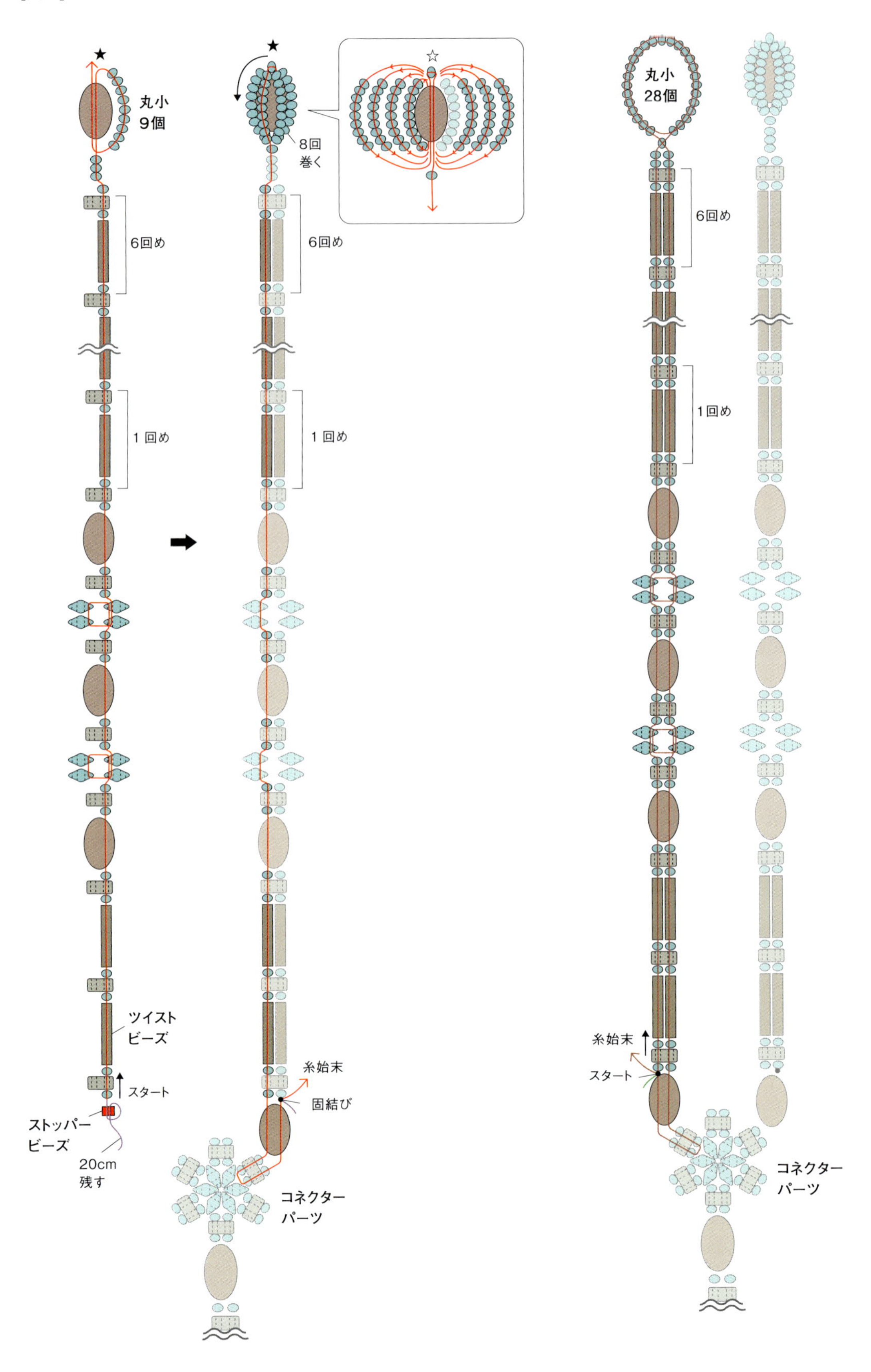
★
丸小
9個
6回め
1 回め
ツイスト
ビーズ
スタート
ストッパー
ビーズ
20cm
残す
★
☆
8回
巻く
6回め
1 回め
糸始末
固結び
コネクター
パーツ
丸小
28個
6回め
1回め
糸始末
スタート
コネクター
パーツ

p.30 44

＊仕上がりサイズ
長さ約88cm

材料

44
丸小ビーズ（ボヘミアンシードビーズ・
ティーグリーンアラバスター）【CB-02152】
……618個
丸小ビーズ（ボヘミアンシードビーズ・モス）
【CB-01162】……260個
丸小ビーズ（ボヘミアンシードビーズ・
ティーグリーン）【CB-01152】……207個
丸大ビーズ（ボヘミアンシードビーズ・
ライトコロラドトパーズ）【CE-17020】……118個
竹ビーズ（二分竹・6mm・金茶銀引）【CY-0002-62】
……96個
チェコカットビーズ（ペタル・6×8mm・
オパールピンク）【FE-00006-060】……39個
チェコカットビーズ（ペタル・6×8mm・
ライトコロラドトパーズラスター）
【FE-00006-077】……39個
チェコビーズ（ラウンド・4mm・アンティークミスト
グリーンラスター）【FE-0004363】……20個

糸：白　針：10号
（材料提供：パーツクラブ　【　】内は商品番号）

【図1】

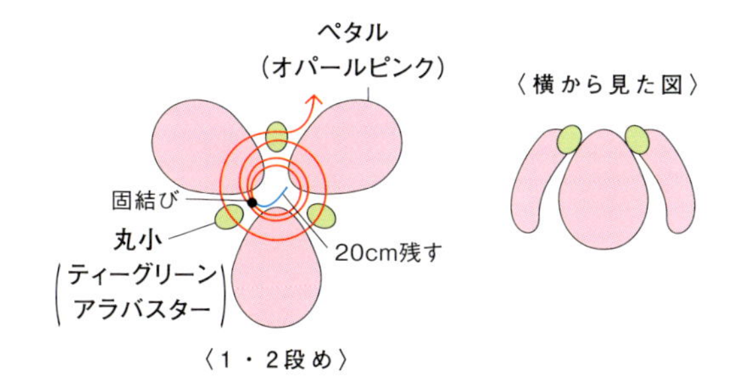

【図2】

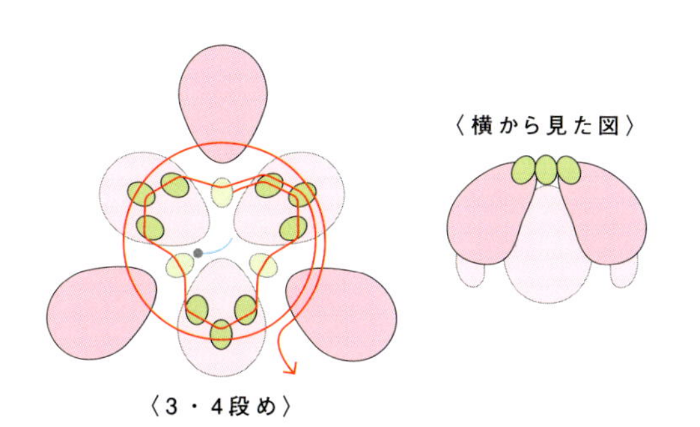

作り方

❶実を作る。糸を80cmに切り、糸端20cm残す。ペタル（オパールピンク）を3個通し、2周させて輪にし、編み始めに残した糸と固結びする。ペタルの向きは必ずそろえて通す。これが1段めとなる。始めに通したペタルを拾って立ち上がり、前の段の外側に重ねるように2段めは丸小ビーズ（ティーグリーンアラバスター）を編む。【図1】
❷前の段のビーズを拾いながら3段め〜7段めも同様に立ち上がり、図のように編む。
【図2】【図3】
❸丸小で実の周りの葉を編む。7段めのペタルの間に丸小（ティーグリーンアラバスター）を2個ずつ通し、立ち上がって丸小を4個ずつ通す。さらに立ち上がって2個ずつ、3個ずつ通し、糸を始末する。【図4】【図5】
❹同様に、オパールピンクで合計3個、ライトコロラドトパーズで合計3個の実を編む。【図6】
❺ラリエット本体を編む。糸を270cmに切り、ストッパービーズをつけて糸端120cm残す。竹ビーズ・丸大・丸小で図のようにむ。【図7】
❻丸大を通してターンし、1段めの丸大と竹ビーズを通す【図8】。上下に丸大を通し、1段めが編めた【図9】。1段めと同様に合計23段編み、糸を休ませておく。同じものをもう1本編む。
【図8】〜【図10】
❼編み始めに残した糸で〈フリンジ1〉を編む。図のようにビーズを通し、オパールピンクの実の3枚の葉の中心から針を入れ、1段めのペタルの輪の中に出し、同じ色の新たなペタルを通して戻る。戻りがけに、2枚の葉を編む。竹ビーズと丸小を拾って〈フリンジ2〉をライトコロラドトパーズの実で編む。【図11】
❽本体の先端の丸小4個を拾い、〈フリンジ3〉をオパールピンクの実で編む。本体の丸小と竹を拾い、図のように2か所に葉を編み、糸を始末する。【図12】
❾もう一方のフリンジは、〈1〉と〈3〉をライトコロラドトパーズ、〈2〉をオパールピンクで編む。
❿⑤で休ませておいた糸で、2本の本体をつなぐ。図のようにチェコビーズ（ラウンド）と丸小（ティーグリーン）を通し、もう一方の本体部分で糸を始末する。反対側の糸も今通したビーズを拾い、もう一方の本体部分で糸を始末する。【図13】

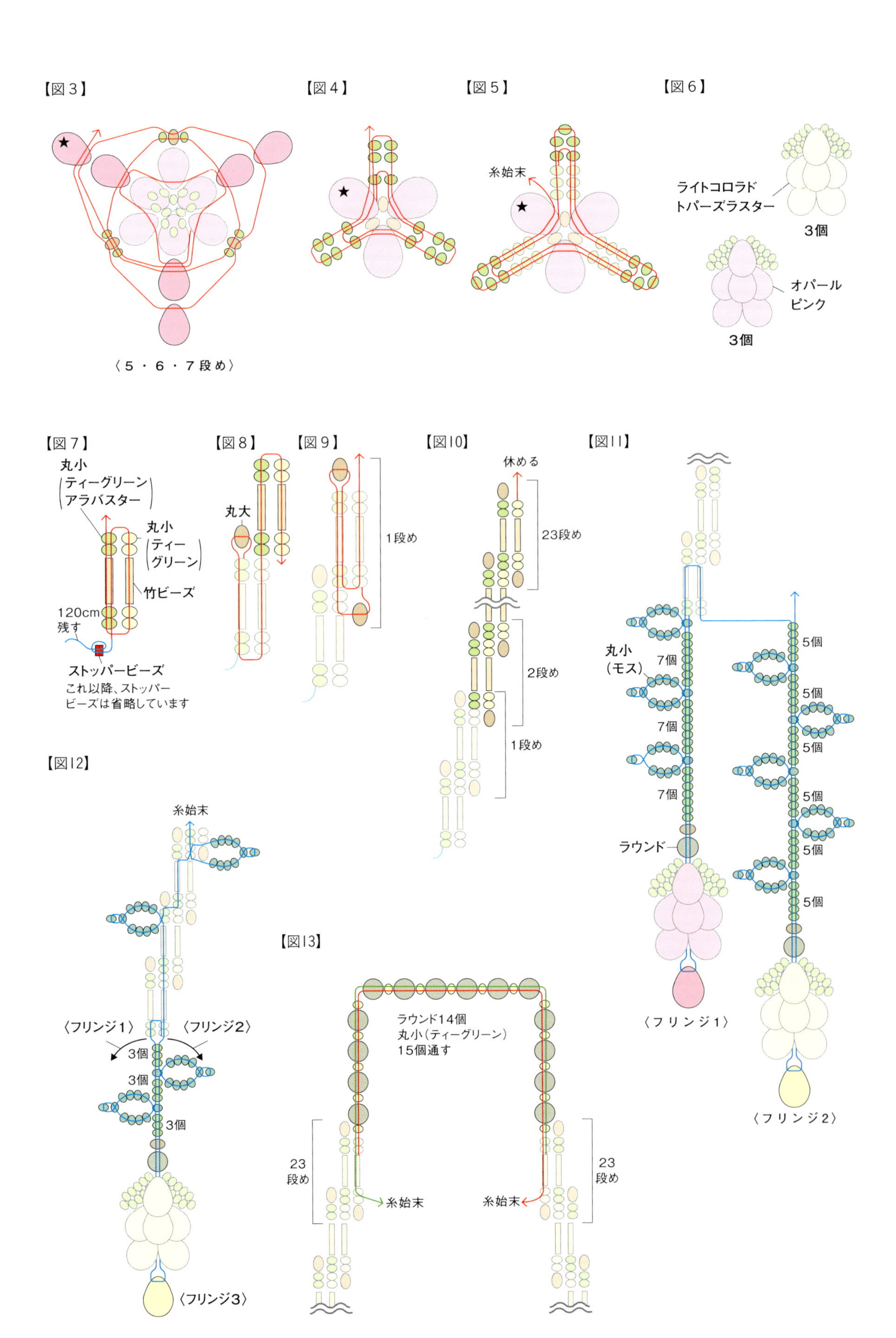
【図3】
★
〈5・6・7段め〉
【図4】
★
【図5】
糸始末
★
【図6】
ライトコロラド
トパーズラスター
3個
オパール
ピンク
3個
【図7】
丸小
（ティーグリーン
アラバスター）
丸小
（ティー
グリーン）
竹ビーズ
120cm
残す
ストッパービーズ
これ以降、ストッパー
ビーズは省略しています
【図8】
丸大
【図9】
1段め
【図10】
休める
23段め
2段め
1段め
【図11】
丸小
（モス）
7個
7個
7個
5個
5個
5個
5個
5個
5個
ラウンド
〈フリンジ1〉
〈フリンジ2〉
【図12】
糸始末
〈フリンジ1〉
〈フリンジ2〉
3個
3個
3個
〈フリンジ3〉
【図13】
ラウンド14個
丸小（ティーグリーン）
15個通す
23
段め
糸始末
糸始末
23
段め

p.31　45

＊仕上がりサイズ
ネックレス長さ約76cm
モチーフ約５×３cm

材料

45
丸小ビーズ（ボヘミアンシードビーズ・ゴールドメタリック）【CB-18304】……124個
竹ビーズ（２分竹・６mm・金茶銀引）【CY-0002-62】……10個
チェコビーズ（ラウンド・５mm・アンティークミストグリーンラスター）【FE-0005363】……29個
チェコガラスパール（６mm・ピュアホワイト）【FE-00103-01】……80個
チェコガラスパール（しずく・７×12mm・ピュアホワイト）【FE-00097-01】……10個
爪枠付きカットガラス（マーキス・11×3mm・クリア/ゴールド）【EU-02274-CRG】……10個
座金（20mm・ゴールド）【PC-300486-G】……４個
丸カン（0.6×３mm・ゴールド）……８個

糸：白　針：10号
（材料提供：パーツクラブ　【　】内は商品番号）

作り方

❶花モチーフを作る。糸を80cmに切り、糸端20cm残して座金に糸を結びつける。図のようにチェコガラスパール（しずく）と爪枠付きカットガラスを交互に留めつけていく。１周留めつけたら、カットガラスの外側の穴と図の座金の穴を拾ってもう１周しっかりと座金に留めつける。【図１】【図２】
❷パールの前側に、竹ビーズと丸小ビーズで花芯を編みつける。【図２】
❸座金を拾い、中心にチェコビーズを留めつけ、糸を始末する。【図３】
❹裏に座金をもう１枚同じ向きで重ね合わせ、３か所を丸カンでつなぐ。花モチーフの完成。同じものを合計２個作る。丸カンの位置は図を参照する。【図４】
❺２個の花モチーフを丸カンでつなぐ。【図５】【図６】
❻ネックレス部分を作る。糸を160cmに切り、糸端20cm残してストッパービーズをつける。図のようにビーズを通してパターンをくり返し、花モチーフの座金を拾いながら全体をつなぐ。ストッパービーズを外し、編み始めに残した糸と固結びし、糸を始末する。【図７】

【図１】

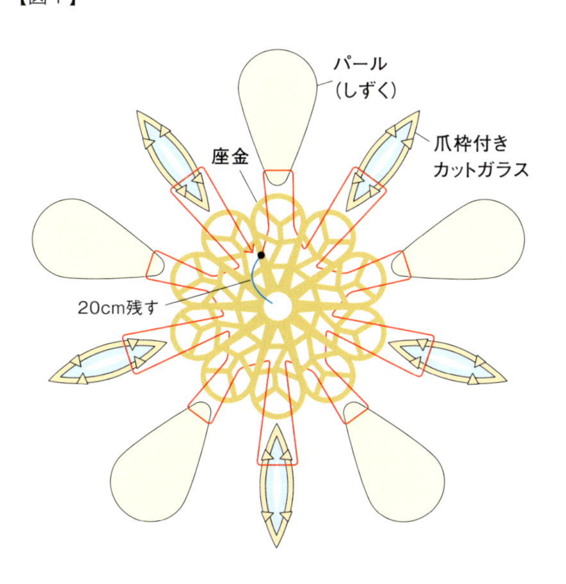

【図２】

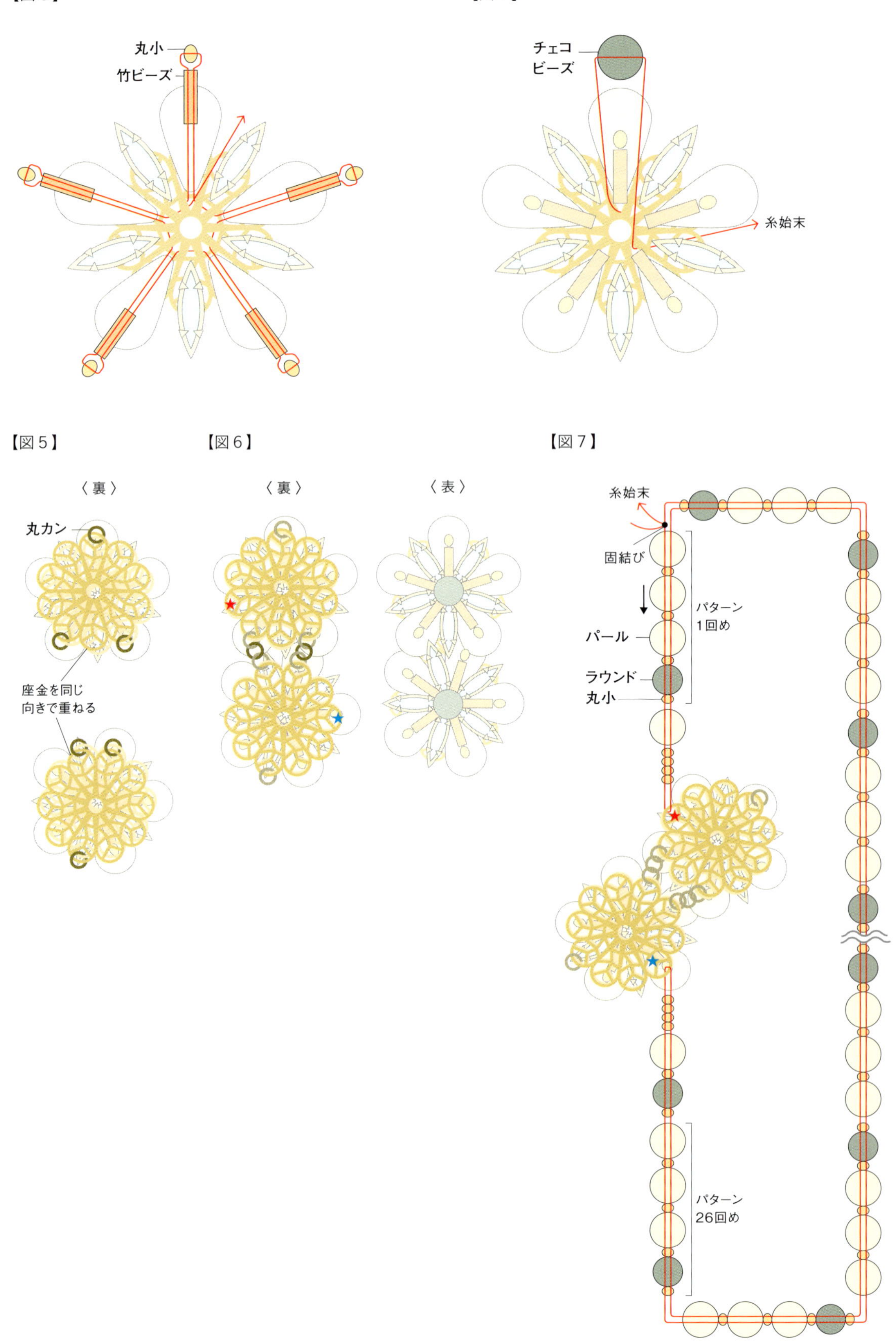
【図3】
丸小
竹ビーズ
【図4】
チェコ
ビーズ
糸始末
【図5】
〈裏〉
丸カン
座金を同じ
向きで重ねる
【図6】
〈裏〉
〈表〉
【図7】
糸始末
固結び
パール
ラウンド
丸小
パターン
1回め
パターン
26回め

p.32 46,47

＊仕上がりサイズ
長さ約15cm（アジャスターをのぞく）

材料

46
丸小ビーズ（シルバー）【#181/H2971】……213個
丸大ビーズ（銀引）【#1/H41】……16個
ベリービーズ（2.5x4.5mm・シルバー）
【BB4201/H6368】……７個
マガ玉ビーズ（４mm・シルバー）【MA1051/H5228】
……96個
ツイストビーズ（２×12mm・グリーンアイリス）
【TW2035】……15個
シュリンクパール（６mm・ホワイト）【J691/6】
……７個
カニカン（シルバー）【K1650/10/S】……１個
アジャスター（シルバー）【K565/S】……１個

47
丸小ビーズ（ゴールド）【#182/H2972】……213個
丸大ビーズ（銀引）【#1/H41】……16個
ベリービーズ（2.5x4.5mm・ゴールド）【BB4202/H6369】
……７個
マガ玉ビーズ（４mm・ゴールド）【MA1053/H5229】
……96個
ツイストビーズ（２×12mm・グリーンアイリス）
【TW2035】……15個
シュリンクパール（6mm・ホワイト）【J691/6】……７個
カニカン（ゴールド）【K1650/10/G】……１個
アジャスター（ゴールド）【K565/G】……１個

糸：白　針：12号
（材料提供：株式会社MIYUKI／ビーズファクトリー
【　】内は商品番号）

作り方

❶枝のパーツを作る。糸を70cmに切り、糸端30cm残してストッパービーズをつける。丸小ビーズ５個・カニカン・丸小５個を通し、もう１周拾う。続けてビーズを図のように通し、丸大２個を芯にして丸小・マガ玉６個・丸小を６回通した実を編む。【図１】
❷マガ玉１個通し、芯の丸大２個と竹ビーズを拾い、糸を休ませる。編み始めに残した糸からストッパービーズを外し、シュリンクパール・丸小を編み、休ませておいた糸と固結びして糸を始末する。枝のパーツが１個できた。【図２】
❸２個め以降はカニカンを通さず、最初の丸小10個の輪を作る際、前の枝のパーツと図のようにつなぎながら編んでいく。合計７個作る。これで、全体がつながって編みあがる。【図３】【図４】
❹８個めは糸を50cmに切り、糸端20cm残す。最初の丸小を通し、７個めのパーツとつなぐ。図のようにツイストを通し、丸小４個でアジャスターをつなぎ、糸は出合わせて固結びし、始末する。【図５】
❻糸を30cmに切り、糸端15cm残してアジャスターの先端に飾りをつける。丸大１個を芯にして、丸小、マガ玉、丸小を通し、５回巻きつける。丸大を１個通し、芯の丸大を拾い、アジャスターの先端のチェーンのコマを拾い、編み始めに残した糸と固結びして始末する。【図６】

【図１】

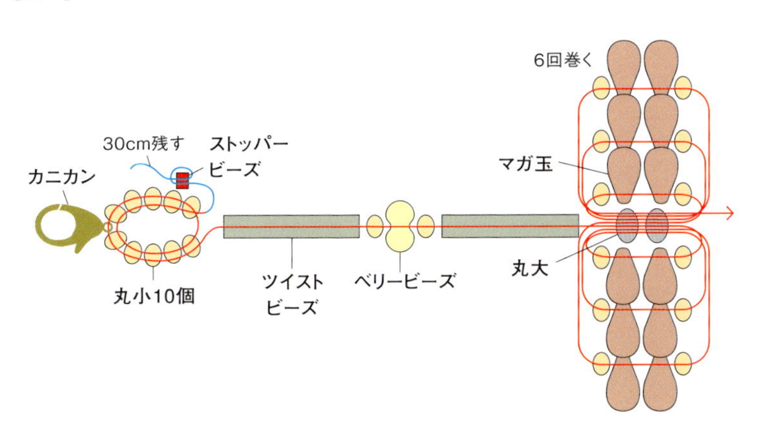

【図2】

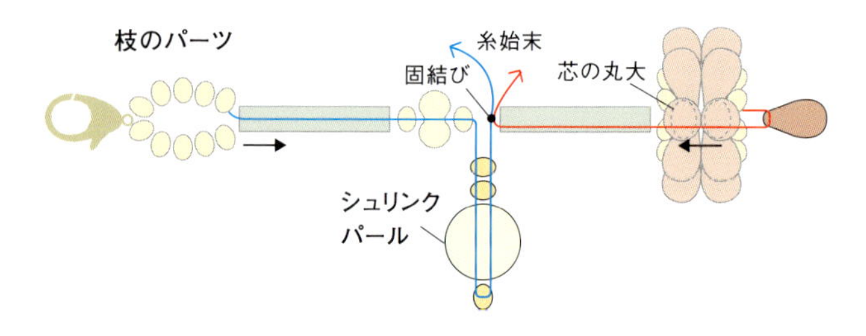
枝のパーツ
糸始末
固結び
芯の丸大
シュリンク
パール

【図3】

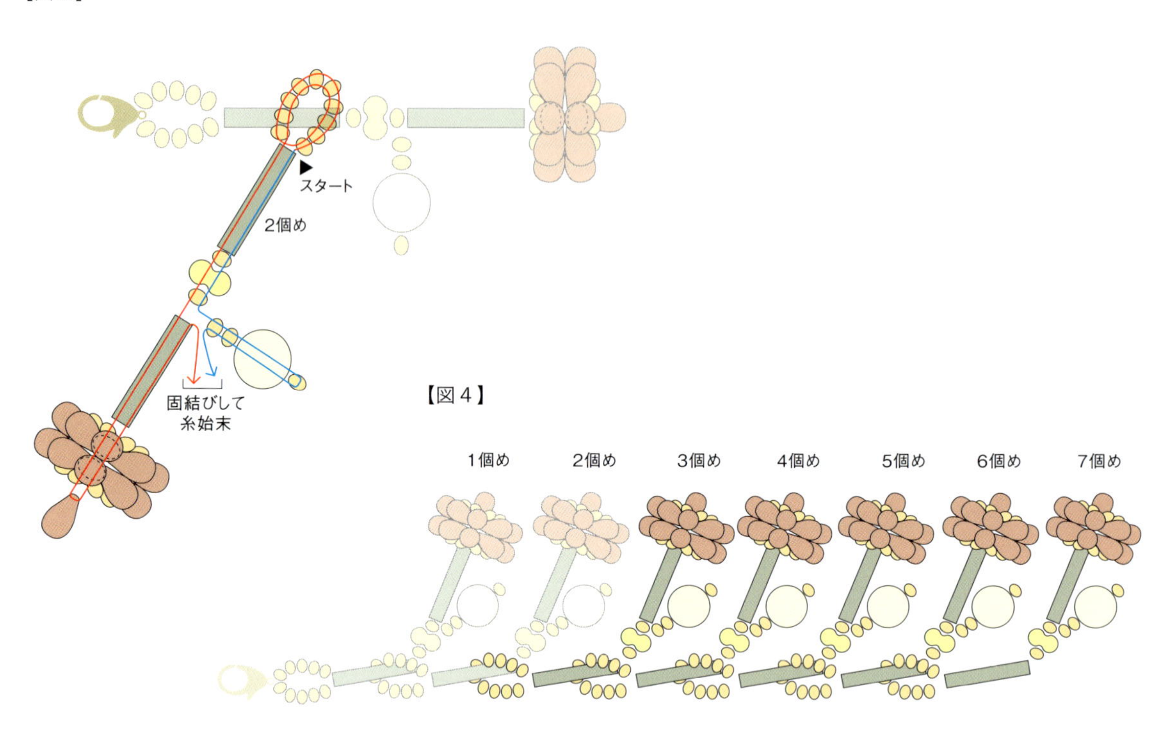
スタート
2個め
固結びして
糸始末
【図4】
1個め
2個め
3個め
4個め
5個め
6個め
7個め

【図5】

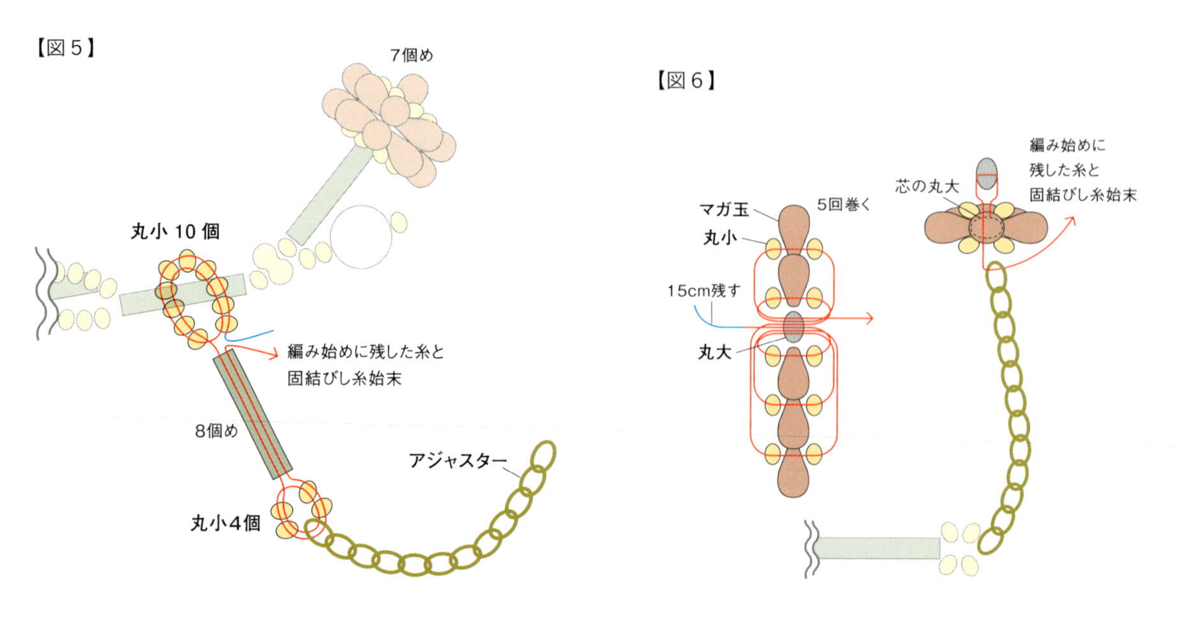
7個め
丸小 10 個
編み始めに残した糸と
固結びし糸始末
8個め
アジャスター
丸小4個
【図6】
編み始めに
残した糸と
固結びし糸始末
芯の丸大
マガ玉
5回巻く
丸小
15cm残す
丸大

p.33　48

＊仕上がりサイズ
長さ約55cm

材料

48

丸小ビーズ（シルバークリスタル）【01056】
……782個
チェコビーズ（リーフ横穴・12×7.5mm・
クリスタルオリーブラスター）【22205】……16個
アクリルパール（ドロップ縦穴・5×8mm・
ライトシルバー）【64476-5】……64個
天然石（パイライト・ラウンドカット・8mm）
【4896】……3個
天然石（パイライト・ラウンドカット・6mm）
【4895】……6個
マンテル（フラワー・マットシルバー）【72588-MS】
……1組

糸：白　針：10号
（材料提供：ビーズ X-SENSE　【　】内は商品番号）

作り方

❶花大を作る。糸を100cmに切り、糸端20cm残してストッパービーズをつける。天然石・丸小ビーズ20個を通して中心を編む。【図1】
❷中心の丸小に図のようにアクリルパールと丸小を合計8か所通す。【図2】
❸逆回りで、アクリルパールを縁取るように丸小を編み、編み始めに残した糸からストッパービーズを外し、編み終わりの糸と固結びして始末する。花大ができた。花大は合計3個作る。【図3】
❹花小を作る。糸を80cmに切り、糸端30cm残してストッパービーズをつける。【図1】を参照して花大と同じ要領で天然石・丸小16個を通して中心を編み、丸小を拾いながら1個おきにアクリルパールと丸小を合計4か所通す。逆回りでアクリルパールを縁取るように丸小ビーズを編む。【図4】
❺ストッパービーズを外し、編み終わりの糸と編み始めに残した糸はそれぞれ、アクリルパールの先端の丸小まで移動させ、休ませておく。花小ができた。花小は合計6個作る。【図5】
❻花小の糸で丸小・チェコビーズを通しながら全体をつなぐ。【図6】
❼両端の花小の糸はビーズを通さずに始末する。新たな糸を80cmに切り、糸端20cm残してストッパービーズをつける。ビーズとマンテルを通してつなぐ。編み始めに残した糸からストッパービーズを外し、編み終わりの糸と固結びして始末する。【図7】

【図1】　【図2】

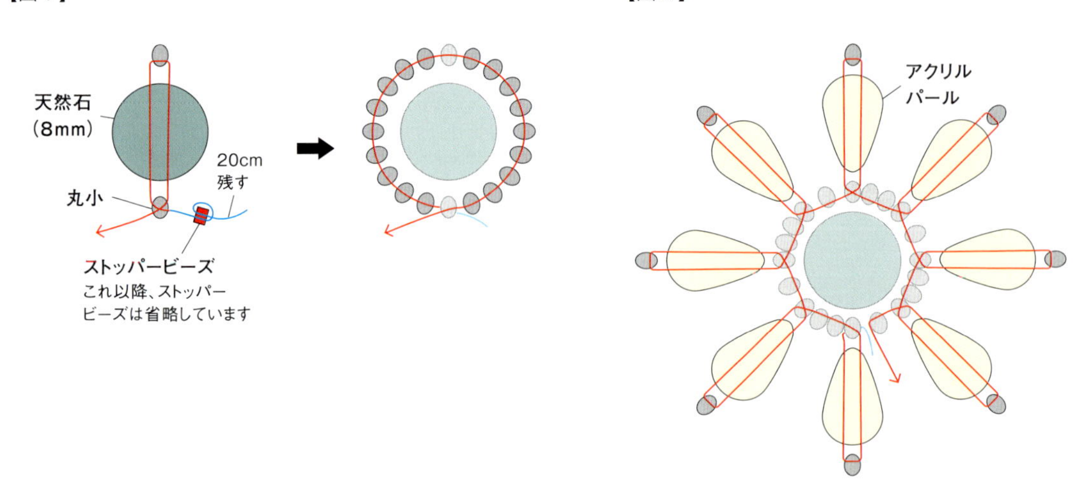

天然石
(8mm)
20cm
残す
丸小
ストッパービーズ
これ以降、ストッパービーズは省略しています
アクリルパール

【図3】

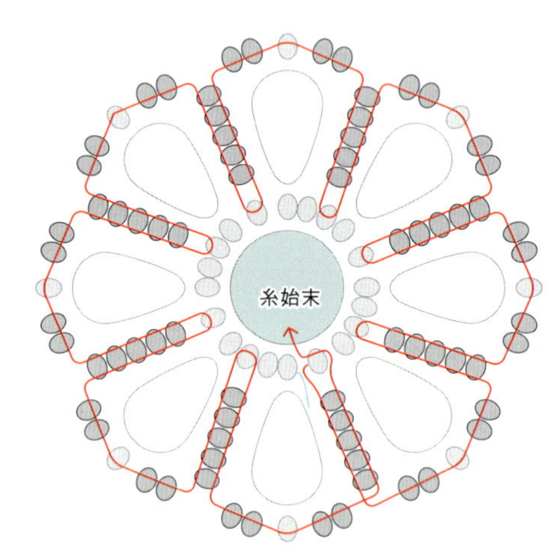

糸始末

【図4】　【図5】

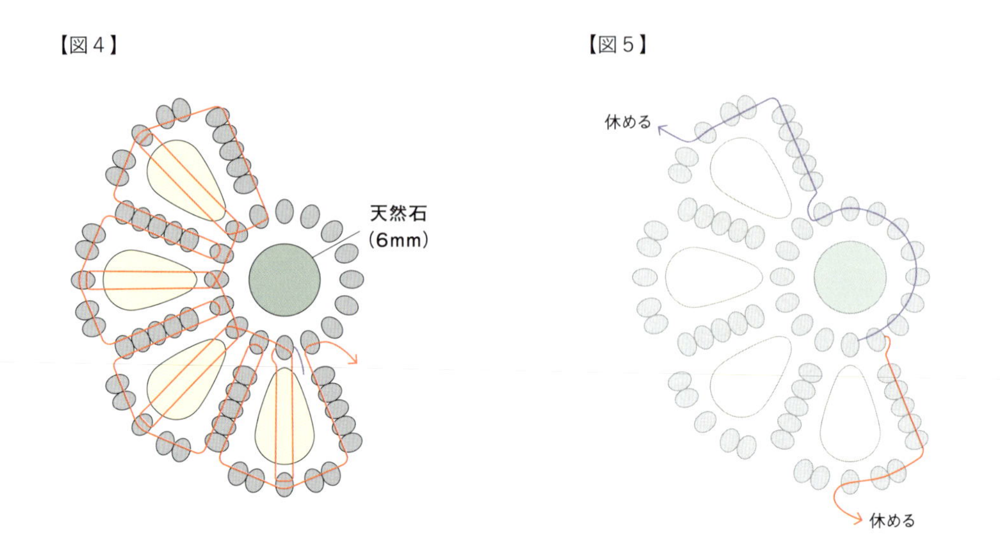

天然石
(6mm)
休める
休める

【図6】　　【図7】

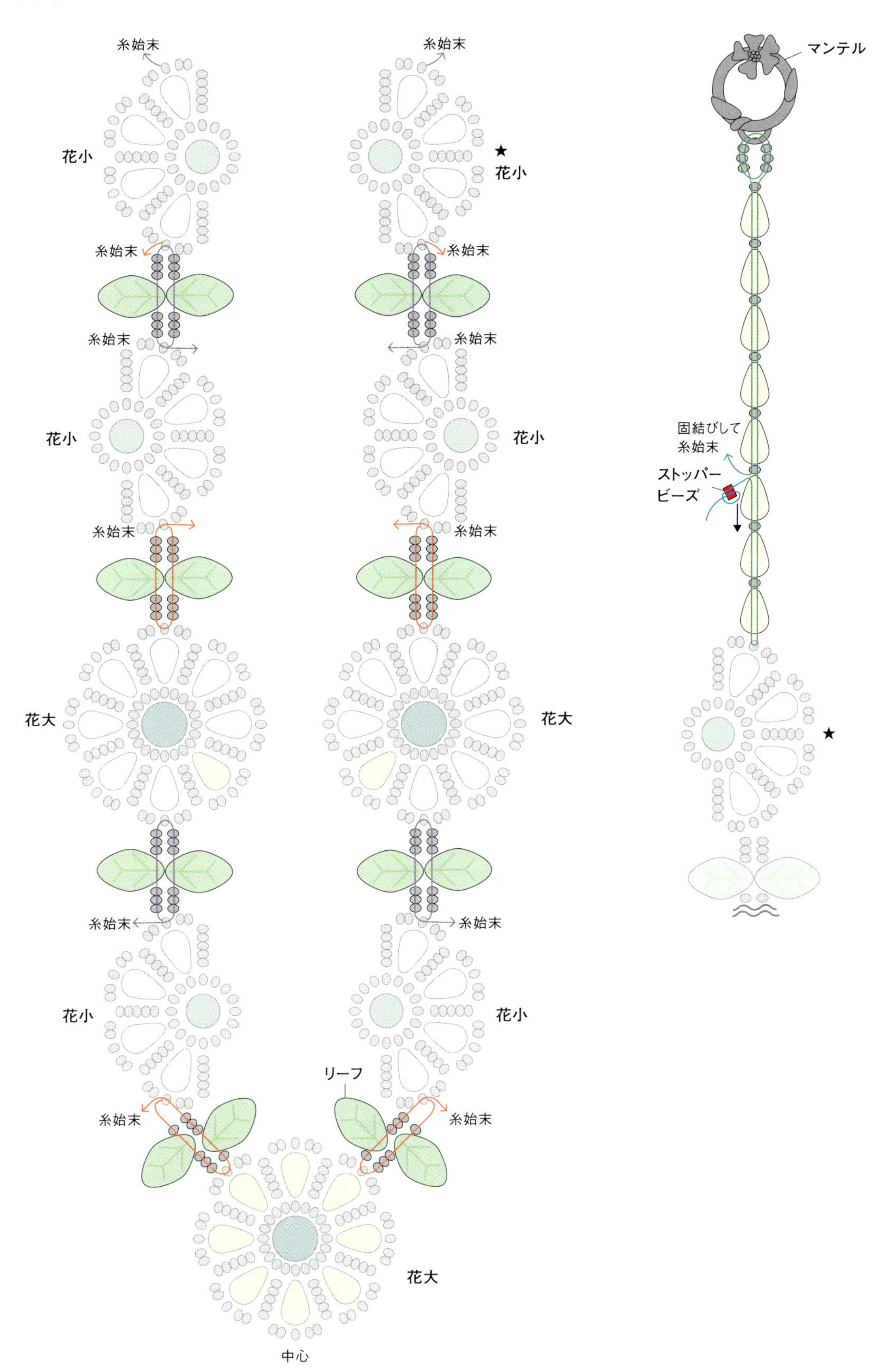
糸始末
糸始末
花小
★
花小
糸始末
糸始末
糸始末
糸始末
花小
花小
糸始末
糸始末
花大
花大
糸始末
糸始末
花小
花小
リーフ
糸始末
糸始末
花大
中心
マンテル
固結びして
糸始末
ストッパー
ビーズ
★

ビーズステッチが学べる教室一覧

＊データは2016年7月現在のものです。

教室に関する問い合わせ先

● 楽習フォーラム

tel：0120-560-187

fax：03-6683-7996

URL：http://www.gakusyu-forum.net

＊教室に関するお問い合わせは編集部ではお受けできません。

北海道／神奈川県　石井朋美

Enjoy Beads Life

市区町村　札幌市／川崎市
最寄り駅　札幌駅／武蔵新城駅

連絡先　tomomiy@cocoa.ocn.ne.jp
www.facebook.com/EnjoyBeadsLife
TEL 090-3113-1052

北海道　室木かよ子

アトリエ「リラ」

市区町村　伊達市、室蘭市
最寄り駅　伊達紋別駅、東室蘭駅

連絡先　rairakku@ab.auone-net.jp
http://atorierira.at.webry.info/
TEL 090-3773-1669

北海道　長村美香子

アクセサリーCOSMOS

市区町村　千歳市
最寄り駅　千歳駅

連絡先　accessory_cosmos2010@yahoo.co.jp　http://ameblo.jp/accessory-cosmos/
TEL 090-2058-3931

北海道　山口美月

スイートビーズCafe

市区町村　札幌市
最寄り駅　大通駅

連絡先　mizuki-n@k7.dion.ne.jp
TEL 090-1380-6551

北海道　松田こずえ

アトリエ ∞∞はぁとばたけ∞∞

市区町村　札幌市
最寄り駅　白石駅、平和駅

連絡先　info@heartbatake.com
http://atelierheartbatake.com/
TEL 090-1303-1045

青森県／岩手県／埼玉県　梅村里美

アトリエApricot

市区町村　弘前市、青森市、八戸市／盛岡市／戸田市
最寄り駅　弘前駅、青森駅、本八戸駅／盛岡駅／戸田公園駅

連絡先　apricot_satomi_3103@yahoo.co.jp　http://ameblo.jp/satomiapricot/
TEL 090-7337-1234

宮城県／山形県　新田佳子

ビーズ工房Kei

市区町村　岩沼市、仙台市／山形市
最寄り駅　岩沼駅、仙台駅／山形駅

連絡先　beadskoubou.kei@gmail.com　http://ameblo.jp/keadskoubou-kei/
TEL 090-2956-9057

福島県　草野輝美

アトリエ teru

市区町村　いわき市、郡山市
最寄り駅　泉駅、いわき駅、郡山駅

連絡先　atorieteru@i.softbank.jp
TEL 090-6257-9156

茨城県／千葉県／東京都／埼玉県　川船まき

Maple Avenue

市区町村　守谷市／柏市、船橋市、松戸市／墨田区、北区、板橋区／春日部市
最寄り駅　守谷駅／柏駅、柏の葉キャンパス駅、松戸駅、新船橋駅／錦糸町駅、赤羽駅、成増駅／春日部駅
連絡先　makimaki4@i.softbank.jp
http://ameblo.jp/maple-makimaki/
TEL 080-4125-7278

茨城県　磯部ひろみ

ビーズ工房Happy door

市区町村　つくば市、土浦市、かすみがうら市
最寄り駅　TX研究学園駅

連絡先　hiromiisobe@nifty.com
http://homepage3.nifty.com/beads-happydoor/
TEL 080-3009-8368

茨城県　組橋みどり

あとりえ ぺるル

市区町村　水戸市
最寄り駅　水戸駅、赤塚駅

連絡先　midori07219@gmail.com
http://m-beads.sakura.ne.jp/
TEL 090-1858-4880

茨城県　小林美代子

ビーズジュエリー美

市区町村　取手市、守谷市
最寄り駅　藤代駅、新守谷駅

連絡先　bijumarumi1922@gmail.com
TEL 090-8806-7399

栃木県　菊地斉子

アトリエそうび

市区町村　宇都宮市、小山市、河内郡
最寄り駅　宇都宮駅、小山駅、雀宮駅

連絡先　seiko-k@bc5.so-net.ne.jp
TEL 090-4610-8704

埼玉県／東京都　門田ゆき子

アトリエ ジュエビー

市区町村　和光市、さいたま市／練馬区
最寄り駅　地下鉄成増駅、大宮駅／練馬春日町駅

連絡先　jewebea0606@gmail.com
http://jewebea.com/
TEL 090-5738-8705

埼玉県／群馬県／東京都　金井正子

RoseHeart

市区町村　鴻巣市、熊谷市、行田市、深谷市、羽生市、加須市、幸手市、上尾市／太田市／豊島区
最寄り駅　鴻巣駅、吹上駅、行田駅、籠原駅、深谷駅、羽生駅、加須駅、幸手駅、上尾駅／竜舞駅／池袋駅
連絡先　rose_heart@skyblue.ocn.ne.jp　http://rose-heart.net
TEL 090-9962-4025

埼玉県　栗本典子

アトリエN'sパレット

市区町村　行田市、久喜市、上尾市、越谷市
最寄り駅　吹上駅、久喜駅、桶川駅、越谷駅

連絡先　noriko@niwashi.co.jp
TEL 048-549-2568

埼玉県　澤口恵利

BEADS ROOM Angel Heart

市区町村　さいたま市、春日部市、三郷市、幸手市
最寄り駅　大宮駅、春日部駅、新三郷駅、幸手駅

連絡先　eri.s-0926-angel.heart@jcom.zaq.ne.jp　http://beads-angel-heart.jimdo.com/
TEL 048-649-6899

埼玉県　宮川たま枝

アトリエ浪漫華

市区町村　行田市
最寄り駅　北鴻巣駅

連絡先　littlexxxtown2000@yahoo.co.jp
TEL 090-5759-8512

埼玉県／静岡県　佐々木理通子

Honeybee

市区町村　入間郡／富士市
最寄り駅　東毛呂駅／富士駅

連絡先　honeybee@sunrisegarden.jp　http://ameblo.jp/hinode-pearl
TEL 090-8862-8122

埼玉県　鈴木美紀

ビーズ工房 color

市区町村　さいたま市
最寄り駅　大宮駅

連絡先　color7_beads@yahoo.co.jp
http://blogs.yahoo.co.jp/color7_beads
TEL 090-5511-5915

千葉県 植木理志

マニュー工房

市区町村 市川市、船橋市、鎌ヶ谷市、松戸市
最寄り駅 市川駅、高根公団駅、鎌ヶ谷大仏駅、新八柱駅、北国分駅

連絡先 tomy-u@nifty.com
TEL 047-371-8686

千葉県 鈴木恵子

Beads.Lily☆K

市区町村 千葉市中央区、美浜区、緑区、習志野市
最寄り駅 蘇我駅、稲毛海岸駅、鎌取駅、津田沼駅

連絡先 keikoyuri@mx36.tiki.ne.jp
TEL 070-5076-8405

千葉県／埼玉県 吉田美鶴

Mitsuru工房

市区町村 千葉市、船橋市、八千代市
最寄り駅 幕張本郷駅、津田沼駅、村上駅

連絡先 m326michan@aol.com
TEL 090-8054-0003

千葉県 馬場裕子

Happy Magic（ハッピー マジック）

市区町村 千葉市、船橋市、佐倉市、成田市
最寄り駅 稲毛駅、新船橋駅、京成臼井駅、京成ユーカリが丘駅、成田駅、海浜幕張駅
連絡先 neko3yb@yahoo.co.jp
http://happymagic.jimdo.com
TEL 043-206-7112

東京都 池田英里子

e-make ビーズ教室

市区町村 三鷹市
最寄り駅 井の頭公園駅、吉祥寺駅

連絡先 eripi910@ezweb.ne.jp
http://ameblo.jp/enjoybeads/
TEL 090-4259-7419

東京都 伊沢美子

42Linkside

市区町村 江東区、新宿区
最寄り駅 豊洲駅、辰巳駅、落合南長崎駅

連絡先 yoshikoizawa@hotmail.com http://ameblo.jp/42linkside/
TEL 080-3383-7545

東京都／神奈川県 佐藤和枝

アクセサリー工房Sugar（シュガー）

市区町村 大田区／横浜市青葉区
最寄り駅 長原駅、雪が谷大塚駅、たまプラーザ駅

連絡先 http://ameblo.jp/kaz-sugar/
TEL 090-4240-3430

東京都 長井光代

ポコアポコ

市区町村 港区、武蔵野市、府中市、八王子市
最寄り駅 表参道駅、吉祥寺駅、府中駅、八王子駅

連絡先 playthepiano-mitsuyo@i.softbank.jp
http://pocoapoco.red
TEL 042-336-0616

東京都 宮川利江

あそび3

市区町村 多摩市、北区、練馬区、中野区
最寄り駅 聖蹟桜ケ丘駅、東久留米駅、東十条駅、中野坂上駅

連絡先 asobi3gogo@gmail.com
TEL 090-1614-8803

東京都／埼玉県 腰本みきこ

ブレストビーズ

市区町村 荒川区、足立区、江東区／さいたま市
最寄り駅 西日暮里駅、北千住駅、西大島駅／浦和駅

連絡先 blessedbeads72@gmail.com http://ameblo.jp/blessed-beads/
TEL 03-3819-4592

東京都／神奈川県 多田晴美

infini（アンフィニ）ビーズ教室

市区町村 台東区、中央区／横浜市
最寄り駅 銀座駅、浅草橋駅／横浜駅、二俣川駅

連絡先 h-tada@ga3.so-net.ne.jp
http://ameblo.jp/infinibeads/
TEL 090-2220-8842

東京都／埼玉県 大谷美子

Beads Salon Miko

市区町村 足立区、北区／久喜市
最寄り駅 北千住駅、西新井駅、赤羽駅／南栗橋駅

連絡先 miko_ok.b-z@softbank.ne.jp http://beadssalon.blog114.fc2.com/
TEL 090-6040-6502

東京都／千葉県 森田詩野

atelier SNOW

市区町村 新宿区／千葉市、船橋市
最寄り駅 四谷駅／稲毛海岸駅、津田沼駅

連絡先 agulu@moon.email.ne.jp
http://www.asahi-net.or.jp/~im9s-mrt/index.htm
TEL 090-3500-2011

東京都 村上みゆき

bijou E.mi-le

市区町村 新宿区
最寄り駅 西新宿駅

連絡先 bijoue.mi.le@gmail.com
FAX 03-3365-2330

神奈川県 倉田千賀子

コスチュームジュエリーメイキング「トゥインクル」

市区町村 藤沢市
最寄り駅 藤沢駅

連絡先 craft_salon_twinkle@yahoo.co.jp
TEL 090-1846-7848

神奈川県／東京都 松永美佐子

Mee-coビーズ教室

市区町村 横浜市、大和市／台東区
最寄り駅 立場駅、鶴間駅／浅草橋駅

連絡先 misarin.yym.665@docomo.ne.jp http://ameblo.jp/mee-co-rin/
TEL 090-2225-1274

神奈川県／東京都 市川やす子

ラ ヴィータ

市区町村 横浜市、葉山町／台東区
最寄り駅 横浜駅、新逗子駅／浅草橋駅

連絡先 lavita@jcom.home.ne.jp
http://ameblo.jp/lavita-ichika/
TEL 090-8819-7363

神奈川県 小林洋子

ビーズフレンズ

市区町村 横浜市
最寄り駅 戸塚駅

連絡先 yukip.10.24@i.softbank.jp
TEL 090-7427-8699

新潟県 西山玉恵

ビーズ教室☆Beadsbee☆

市区町村 新潟市中央区
最寄り駅 新潟駅

連絡先 a229201197@infoseek.jp
http://ameblo.jp/beadsbee/
TEL 080-5176-3940

富山県 開発真優美

true-grace（トゥルーグレース）

市区町村 高岡市、富山市
最寄り駅 高岡駅、富山駅、下奥井駅

連絡先 true-grace@ypost.plala.or.jp
TEL 090-1313-9574

富山県 舘谷真由美

Beads Studio アミ

市区町村 富山市、婦中町
最寄り駅 富山駅、千里駅

連絡先 beads.s.ami.0819@docomo.ne.jp
TEL 090-8093-2430

石川県 西めぐみ

Feel Heart

市区町村 金沢市
最寄り駅 金沢駅

連絡先 strawberryran1280025@ezweb.ne.jp http://ameblo.jp/feel-heart2007/
TEL 090-3763-2544

石川県 南出佳奈

Muzeo ムゼオ

市区町村 加賀市、金沢市、白山市
最寄り駅 加賀温泉駅、金沢駅、松任駅

連絡先 muzeo@biscuit.ocn.ne.jp
TEL 090-1631-8324

長野県 小木曽智美

Atelier aile（アトリエ エル）

市区町村 松本市、伊那市
最寄り駅 松本駅、伊那市駅

連絡先 ogiso-t128@yg8.so-net.ne.jp
TEL 080-6930-4514

長野県 本多直子

ビーズ教室ペブルアート

市区町村 岡谷市
最寄り駅 岡谷駅

連絡先 naohon@tiara.ocn.ne.jp
TEL 0266-23-8783

静岡県 せがわたまみ

Rubimam*るびまむ*

市区町村 沼津市、伊豆市、駿東郡
最寄り駅 沼津駅、修善寺駅、三島広小路駅

連絡先 rubimam.0515@gmail.com http://ameblo.jp/rubimam/
TEL 090-5454-7233

静岡県 関しのぶ

Everyday Beads Life!

市区町村 沼津市、伊豆市、三島市
最寄り駅 沼津駅、片浜駅

連絡先 sohyu@nifty.com
http://www.studio-seki.jp
http://ameblo.jp/nochico3
TEL 055-962-6558

静岡県 完山静華

Calme ～カルムビーズ教室

市区町村 御殿場市
最寄り駅 御殿場駅

連絡先 calme-beads@docomo.ne.jp
TEL 080-3069-3030

静岡県 金原久美子

Creative Salon K-rose

市区町村 浜松市
最寄り駅 浜松駅

連絡先 info@k-rose.jp
http://www.k-rose.jp/
TEL 053-488-5006

愛知県 出原三千世

ビーズぽっぷ

市区町村 日進市、豊田市、大府市、瀬戸市、東郷町、名古屋市昭和区
最寄り駅 平針駅、豊田市駅、大府駅、瀬戸市役所前駅、日進駅、八事駅

連絡先 mitiyo.pop-wan@ezweb.ne.jp
TEL 090-3933-2232

愛知県 鈴木泰子

ビーズ工房 いろどりーむ（彩＊夢）

市区町村 岡崎市
最寄り駅 岡崎駅

連絡先 suzuki-k-y@nifty.com
http://irodoriimu-miya.my.coocan.jp/
TEL 090-3950-4729

愛知県 渡辺友美

Heliotrope

市区町村 名古屋市天白区、中川区、中区、清須市、蟹江町
最寄り駅 相生山駅、荒子駅、栄駅、蟹江駅

連絡先 heliotrope@leaf.ocn.ne.jp
http://plaza.rakuten.co.jp/heliotropetomomo/
TEL 090-7868-6945

愛知県 野島睦美

Ai☆Sai★Beads

市区町村 春日井市、瀬戸市、小牧市桃花台
最寄り駅 高蔵寺駅、瀬戸口駅

連絡先 aisaibeads@yahoo.co.jp
http://ameblo.jp/aisaibeads
TEL 090-2573-7957

愛知県 山中由希子

SNOWBEAR ビーズ教室

市区町村 知多市、常滑市、半田市
最寄り駅 朝倉駅、榎戸駅、乙川駅

連絡先 snowbear430@yahoo.ne.jp
TEL 0562-56-0820

愛知県 橋本かおり

ビーズクーヘン

市区町村 岡崎市、蒲郡市
最寄り駅 岡崎駅、蒲郡駅

連絡先 beads-kuchen.kabo@ezweb.ne.jp
TEL 090-9337-4233

愛知県 松本由美子

ビーズボックスLaLa

市区町村 名古屋市緑区
最寄り駅 鳴海駅

連絡先 yumi.m.0728@nifty.com
http://homepage3.nifty.com/BeadsboxLaLa/
TEL 052-891-6524

滋賀県 川嶋佐由美

ビーズ工房「瑛」（ひかる）

市区町村 近江八幡市、東近江市、守山市、彦根市、大津市、日野町
最寄り駅 近江八幡駅、守山駅、南彦根駅、堅田駅、瀬田駅

連絡先 hikarubead128@yahoo.co.jp http://bz-hikaru.com/
TEL 090-5132-8703

大阪府／兵庫県／奈良県 中井恵子

FSKアクセサリークラフト教室

市区町村 大阪市、堺市／神戸市、西宮市、伊丹市／奈良市
最寄り駅 天王寺駅、駒川中野駅、大阪上本町駅、堺駅／元町駅、西宮北口駅、伊丹駅／奈良西大寺駅

連絡先 f.s.k@aa.cyberhome.ne.jp
TEL 090-5066-0607

大阪府／京都府他近畿一円 梅沢知代

アヴァンセ

市区町村 大阪市／京都市他
最寄り駅 堺筋本町駅、烏丸駅 他

連絡先 umezawa@kyoei-1.co.jp
http://www.avanc.jp/
TEL 090-8538-8337

大阪府 江端弥栄

ピノヴィオレッタ・小阪カルチャー教室

市区町村 東大阪市
最寄り駅 八戸ノ里駅

連絡先 pinovioletta@ymail.plala.or.jp
http://www.kosaka-culture.com/
TEL 06-6724-0372
FAX 06-6723-3092

大阪府 北ノ原真弓	大阪府 安田和美	大阪府 松尾淳子	兵庫県 宮地左知子
elm green（エルムグリーン） 市区町村　大阪市北区 最寄り駅　梅田駅、中崎町駅 連絡先　info@elmgreen.jp http://www.elmgreen.jp TEL 06-6373-7787	**アトリエCHERRY BLOSSOM** 市区町村　池田市 最寄り駅　池田駅 連絡先　f-yasuda@wombat.zaq.ne.jp　http://ameblo.jp/cherry0383 TEL 090-1073-6649	**ビーズストリーム** 市区町村　泉佐野市 最寄り駅　泉佐野駅 連絡先　jmatsuo@art.zaq.jp http://www.kyurindo.com TEL 090-3375-0577	**スマイルハート** 市区町村　姫路市、加古川市 最寄り駅　姫路駅、飾磨駅、別府駅 連絡先　atelier@smile-heart.info http://www.smile-heart.info/ TEL 080-3117-3573

兵庫県 森本一美	兵庫県／大阪府 堀田真美子	兵庫県 松本友香	広島県 山田恵美
Sweet（スウィート） 市区町村　三田市、神戸市 最寄り駅　ウッディタウン中央駅、岡場駅 連絡先　sweet-km@jttk.zaq.ne.jp TEL 090-5065-4181	**ぶどうの木** 市区町村　姫路市広畑区、神戸市中央区／大阪市中央区 最寄り駅　夢前川駅、三宮駅／天満橋駅 連絡先　budounoki.mamiko@docomo.ne.jp TEL 090-2011-5788	**fleur fleur kobe（フルールフルール）** 市区町村　神戸市中央区、灘区 最寄り駅　三宮駅、六甲駅 連絡先　fleur.fleur.1216@gmail.com　http://fleur-fleur-kobe.jimdo.com/ TEL 080-7041-8661	**アトリエChocoo** 市区町村　広島市西区・中区 最寄り駅　横川駅、西広島駅、本通駅 連絡先　pipi-07@nifty.ne.jp http://homepage3.nifty.com/chocoo/ TEL 090-3632-0481

山口県 松本由美子	山口県 松村美代子	福岡県 小山裕子	福岡県 松崎円
ビーズサミューゼ 市区町村　萩市 最寄り駅　東萩駅 連絡先　ymatsu1950@hi2.enjoy.ne.jp TEL 0838-22-6175	**アトリエ Fleur** 市区町村　岩国市、由宇町／大竹市 最寄り駅　南岩国駅、由宇駅／大竹駅 連絡先　miyo-fleur-beads@docomo.ne.jp http://s.ameblo.jp/miyo-fleur/ TEL 090-5371-5753	**アトリエYuko** 市区町村　北九州市小倉北区、福岡市東区 最寄り駅　西小倉駅、千早駅 連絡先　yuko.k@kyj.biglobe.ne.jp TEL 090-2392-4584	**nana-beads** 市区町村　福岡市、太宰府市、糟屋郡 最寄り駅　博多駅、橋本駅 他 連絡先　nana77beads@yahoo.co.jp http://ameblo.jp/nana-beads77/ TEL 090-7395-4417

福岡県 福田ひとみ	福岡県 石橋佳子	熊本県 道家太紀	大分県 養父美穂子
Latowa〜ラトゥワ〜 市区町村　福岡市中央区 最寄り駅　西鉄バス 大濠公園南、大濠 連絡先　spyz7f79@able.ocn.ne.jp TEL 090-8770-1206	**ビーズ工房 Boo's B** 市区町村　福岡市 最寄り駅　箱崎駅 連絡先　TEL 090-8663-2565	**アトリエ Nature（ナチュール）** 市区町村　熊本市、菊陽町、南阿蘇村 最寄り駅　熊本駅、光の森駅 連絡先　taki_chan_jp@yahoo.co.jp http://www.atelier-nature.net TEL 090-8606-9943	**Atelier Etoile** 市区町村　大分市、臼杵市 最寄り駅　大分駅、臼杵駅 連絡先　ae-dolce@etoile35.jp http://www.etoile35.jp/ TEL 090-8764-4486

大分県 谷本嘉惠	鹿児島県 追立美幸	沖縄県 長嶺小牧	沖縄県 玉城千登美
le.vitrail 市区町村　大分市中央町 最寄り駅　大分駅 連絡先　y8700921@gmail.com TEL 090-4519-7224	**ビーズ&クラフト工房 ナティーオ** 市区町村　鹿児島市 最寄り駅　谷山駅、広木駅、山田下バス停 連絡先　infonatio@san.bbiq.jp http://www.natio.jp/ TEL 099-265-2231	**ビーズショップ すずめファクトリー** 市区町村　那覇市、南風原町、北中城村 最寄り駅　首里駅 連絡先　tilyurume@yahoo.co.jp http://ameblo.jp/suzumefc/ TEL 098-885-3715	**-yui.-** 市区町村　那覇市 最寄り駅　仲井真バス停前 TSUTAYA 国場店正面 連絡先　allure.yui@gmail.com TEL 090-3797-2124

安藤潤子　Junko Ando

「UNDEUX（アンドゥ）ビーズ教室」主宰。神奈川県生まれ。玉川大学文学部デザイン専攻卒業後、パッケージデザイナーとして商業デザインに携わる。その傍ら、現代美術に傾倒して、商業美術の世界から転職、ギャラリー勤めを経て現代美術の展覧会のキュレーターを務める。また、アーティストへのヒアリングに基づき、地域におけるホール建設のコンセプトメイクにも携わる。出産を機に退職。現在は独自のデザイン感覚を活かし、アクセサリー分野においてビーズを用いた身につけられる美術作品を目指して表現中。
王禅寺アトリエ、新百合ヶ丘などで教室を開催。楽習フォーラム「ビーズステッチコスチュームジュエリーラボ」「クリエイティブチーム」の一員として作品のディレクションを担当。書籍『小さなビーズステッチジュエリー』（マガジンランド）監修。
ブログ　http://ameblo.jp/undeux-blog/
Facebook　junko.ando.10
教室　恵比寿（東京）、新百合ケ丘（神奈川）、他
お問い合わせ　undeux_web@yahoo.co.jp

材料協力
●COSJWE
http://www.cosjwe.net/
tel：03-6362-0806
●パーツクラブ
http://www.partsclub.jp/
tel：0120-46-8290
tel：03-3863-3482（浅草橋駅前店）
tel：03-3863-8482（浅草橋東口店）
●ビーズ X-SENSE
http://x-sense.jp/
tel：03-5832-9938
●株式会社MIYUKI（ビーズファクトリー）
tel：084-972-4747
http://www.miyuki-beads.co.jp/
http://www.beadsfactory.co.jp/

小物・衣装協力
●Boop-Poop-A-Doop
tel：03-3780-1847
p.06,13,15,23,26,29　ワンピース／
p.33　ブラウス／p.07,16（下）カード／
p.08,10　ハンカチBOX／p.11　ハンカチ／p.18　楽譜
●AWABEES
tel：03-5786-1600
●UTUWA
tel：03-6447-0070

植物を編むビーズステッチ
ボタニカルデザインのアクセサリー

2016年9月20日　初版印刷
2016年9月30日　初版発行

著　者　安藤潤子
発行者　小野寺優
発行所　株式会社河出書房新社
〒151-0051　東京都渋谷区千駄ヶ谷2-32-2
電話　03-3404-8611（編集）
03-3404-1201（営業）
http://www.kawade.co.jp/
印刷・製本　凸版印刷株式会社

Printed in Japan
ISBN978-4-309-28594-8

Photograph　安田仁志
Styling　串尾広枝
Book design　三上祥子（Vaa）
Illustration　渡辺梨里香（Pear Field）
片野順（JUN-デザインボックス）
松崎あかね
Editing　相澤若菜